目　录

引 言

创办一家新的企业就像去热带森林里寻宝：虽然在物质财富和个人满足感上都可能有所收获，但途中也潜伏着危险，你可能会轻易地迷失方向。

撰写本书不仅仅是为了帮助你说服你的资金支持者，让他们相信你会取得成功，而他们自己会赚得盆满钵满，也是为了帮助你写出自己的商业指南。作者本人花了近 40 年时间在这个森林里探索，创办过自己的小公司，也为他人的公司做过指导和顾问。

在开始撰写商业计划书或者预测你的现金流之前，你应该问自己以下两个重要问题。

你究竟想从这项业务中得到什么

这一问题的答案将分为两部分。金钱回报显然是重要的，要为自己设定一个目标。如果赚不到 1 000 万英镑会让你极度失望，那么赚到 100 万英镑就应该是你恰当的目标。如果每星期收入超过 2 500 英镑会是你大事庆祝的一个理由，那就把它作为你的目标。

然而，金钱不是你投身商界的全部理由。还有什么呢？你是否是一个天生的“独行侠”，急于摆脱公司设置的条条框框？或者是一个对亲自组建结构良好的公司有强烈渴求的人？自主设计产品会使你的生活更有价值吗？或者你只想感到自己是有用的？你的行动计划应该体现出你的个人目的。

同时，考虑一下时间表。你是否下定决心要快点儿发财，然后退休并过上甜蜜的生活，还是要穷尽一生好好工作？或者反过来讲，你是否着迷于他人称之为“工作”的某个方面，只要还有一口气，你就会快乐地坚持下去？

只要你记下自己希望达到的目标，你的商业计划书就会开始有大致的轮廓。接下来，你必须问自己有关资源的问题，包括精神上的和物质上的。思考一下你的性格和能力能够为公司带来什么，以及它们将如何影响你的计划。

你是否是一个外向型的人，能够和你的员工友好相处并对他们产生影响？如果是这样，市场营销方面的业务——发现人们想要什么并向他们出售这些东西可能是你的强项；但是具有同样性格的人或许会发现，独自待在办公室计算成本或与账本较劲会让你闷闷不乐，效率低下。你可能也不具备处理消极怠工的员工所需要的强硬态度。因此，你也许会决定拒绝运行一个以生产为主导的企业，或者避免让自己承受记账的重担。

如果你是内向且多愁善感的创意型人才，建立一个以设计和创新为基础的公司会让你如鱼得水。亲自去销售商品对你来讲无疑会是一种折磨。生产线上的问题、存货管理和其他的一些事情也会让本就忧虑的你更加无法入眠。你能通过出卖自己的设计和创意来生存吗？如果可以的话，那就专注于挖掘你不容置疑的天分。

在古典时代[①]，有人在坐落于德尔斐（Delphi）的阿波罗（Apollo）神庙入口处题了"了解自己"（Know yourself）的字样。每一位从事商业工作的人士都应当把这一告诫铭记于心。其他人或许可以开心地生活在自己的幻想之中，但创办小企业的人却不可以！

你想要的首要物质资源当然是钱。无论是仅需要几百英镑来做二手服装经销商的生意，还是需要100万英镑去建立一个工厂，钱必须到位，并且绝大部分的资金必须是你投入的。在非常小的企业当中，有一个粗略的经验法则是你（或者你的家人和朋友）需要拿出一半的资金，而另一半通常很难轻易筹集到。我相信如果你的商业计划书和现金流预测表能够按照本书的思路来准备，那么你筹到额外资金的概率将会大大增加。

和竞争对手相比，你的产品或服务有哪些能为你带来优势的特色

你的产品或服务：

- 是一种全新的想法吗？
- 是现有产品或服务的改进版吗？
- 比其他的产品或服务更便宜吗？

---

① 古典时代（公元前5—公元前4世纪中叶）是古希腊历史上的重要的历史时代。人类历史上的这一时代分两个时段：前期是城邦的繁荣昌盛时代，后期则是城邦制度盛极而衰的时代。——译者注

- 交货或售后服务更加可靠吗?
- 对于本地客户来讲更容易获得吗?
- 适合在互联网上出售吗?

在撰写商业计划书的时候，你必须展示出你的个人目标和你的资源（精神资源及物质资源）与你将要采取的产品特色开发战略相吻合，以此为自己提供指导，也让你的资助者打消疑虑。这种和谐是成功的关键，仔细计划可以帮助你实现成功。

在本书中，我没有简单地满足于写一套规则和准则。我添加了一些商业计划书和现金流预测的范例。这些案例难言理想，考虑到企业的大小和类型，它们只是代表着在每一个案例中我认为合适且可接受的类型或模式。我不认为它们所依据的事实是完全可靠的，但我希望这些撰写人勾勒出的有时可能不太现实的计划能够在有趣的同时给人带来一些启发。

第一章

撰写商业计划书

无论何时筹集资金，也无论你是向银行、贷款公司还是向权益资本提供者筹资，商业计划书都是必不可少的。对你而言，你的企业最具吸引力和重要性；对银行或基金经理来讲，你的计划不过是他收到的众多计划中的一个。所以，你必须得到他们的认可并让他们对你感兴趣。为此，你的商业计划书应当：

- 清楚明了。
- 简明扼要。
- 合乎逻辑。
- 真实可靠。
- 用数据说话。

清楚明了

阅读你的商业计划书的人非常忙碌，他们通常少不了其他问题需要处理，并且会有意或无意地通过你表达自己的方式来判断你这个人。因此，你的商业计划书需要：

- 保持语言简单。

- 避免试图将太多的想法揉入一个句子。
- 让语句前后逻辑贯通。
- 不要滥用形容词。
- 在每一个合适的地方制表。

简明扼要

如果银行家或经理在阅读你的东西时感到厌烦，那么你就不大可能得到他们的支持。因此，要精简，再精简；只留下需要告诉读者的基本要素，扔掉那些深入描述的内容。

合乎逻辑

如果你按照逻辑顺序展现事实与想法，那么它们将更容易被接受，并且产生更大的影响。无论措辞多么优美，你在计划书中都要避免一系列无关紧要的段落。另外，要确保你在一个标题下所说的话与你在其他地方所说的内容一致。

真实可靠

计划书中不要夸大你的情况。

用数据说话

阅读你的计划书的银行家或投资者，绝大多数都精于计算，喜欢用数字思考。除非你的文字有尽可能详细的数据来支撑，否则你将无法打动他们中的任何人。因此，要尽可能地去量化你的文字。

设计商业计划书

商业计划书的布局对于帮助读者保持兴趣来讲大有影响。最重要的是，你所提供的信息必须遵循一定的逻辑。你可以用下面的顺序来展示你的材料，不要忘记使用标题，这样读者就能够在研究你的计划时轻松找到所需内容。

- 目标简述。
- 相关市场评估。
- 你能够提供的技能、经验和经济基础。
- 你的产品或服务的特色。
- 建立企业的方法。
- 企业的长远目标。
- 财务指标。
- 所需资金及资金使用方式。
- 支撑前述的附录，特别是有关现金流和其他财务预测的内容。
- 企业历史（在适用情况下）。

当然，你可以在这份清单中添加内容。如果阅读计划的人对某一方面非常感兴趣，你也可以结合自己的情况适当添加一些这方面的信息。例如，政府部门关心企业对当地失业情况的影响，你可以专门列出一部分来告诉他们相关信息。

决定计划的长短

所有的商业计划书，无论长短，都应当囊括以上清单中的每一个项目。每个部分的长短应当与读者眼中项目的规模成正比。忙碌的银行高管不会想要为了区区几百英镑的资助申请去看一份厚厚的计划书。同样，如果一份申请 50 万英镑贷款的计划书在读者感兴趣的方面却只有寥寥几句，也必然不会给他们留下深刻的印象。

认真对待

仔细撰写商业计划书能够帮助你更好地洞察自己的生意。你有一个了不起的项目；你精明地发现某种业务有市场；你从专家那里得到了很多建议，并且已经针对预期利润、现金流和所需资金做了大量的计算。你会因此认为，当你得到了资金时，你就准备好一切了。其实并不是这样！你很可能还有功课要做，而现在正是做这件事情的时候。

弗朗西斯·培根爵士（Sir Francis Bacon）曾说过："写作使人精确。"没有什么比把想法全部写下来，能够更有效地检测其中的逻辑性和连贯性了。公司的未来在很大程度上取决于你的想法是否合乎逻辑和保持连贯。现在是用写作测试它们的时候了。

如何开始

把前文提到的商业计划书的10个必备内容模块逐一记下来，在每一个标题下面记录所有你做过的或者准备做的事情。例如，在第二部分中，关于你想要进入的市场你究竟知道什么？你做过足够的市场调研吗？谁会成为你的客户？会有多少人？你将如何联系他们？你将如何把货物交付给他们？在第五部分中，你是否对于开办公司需要做的事情有一个清晰且具体的想法？

把它们全部写下来吧！或许你会想要采用以下方法：为这10个内容模块准备一大张纸，记下相关事实；然后进行整理，检测真实性和连贯性，并且按逻辑顺序将其排序。当你写计划书的主体时，你要认真地精简它。在这个过程中，你会整理好你的想法，发现空白和弱点，企业也会因此变得更好。

攻克各个部分

目标简述

这部分只是为了向读者展示本计划书与什么有关，所以内容应当紧扣重点。用一句话表明你是做什么的。然后在第二句话中，具体说明所需资金的数目及用途。

市 场

当你写到计划书的主体时，要从最有可能打动读者的部分开始。大多数贷款方认为，企业成功的关键在于发现和开发一个足够大的市场。因此，仿佛有了一条不成文的规定，你应当从“市场”部分入手。哪怕你的产品可能是继汽车之后最好的发明，而你也拥有亨利·福特（Henry Ford）① 那样的才华，但倘若你的创意没有市场，或是缺少将产品投入市场的手段，你将会竹篮打水一场空。阅读计划的人对这一点再清楚不过了，他们想要知道你是否了解这些事实，是否为此做了足够的功课。你的市场调查可谓至关重要。

请注意，要大量使用数据，在提供数据的地方应当说明引用来源，因为可查证的数据将提升计划书的可信度。

相关人员的技能、经验和资源

贷款方和投资方希望了解他们将自己或客户的钱委托给了一个什么样的人使用，也想知道这个人的业绩如何。因此，你必须详细说明自己、联合负责人或合作伙伴的商业经历。毕业院校及学术生涯与此几乎无关，真正紧密相关的是你们过去的成就和技术资质。

你在资金方面的投入程度也同样重要。一个企业，如果它的创始人本身都没有承担一定的财务风险，那么他也不能指望其他人冒着风险来资助自己的企业。

---

① 亨利·福特（Henry Ford，1863—1947）创建了福特汽车公司，是世界上第一位使用流水线大批量生产汽车的人。——译者注

产品优势

在这一部分，你很有可能会投入过多的热情，因此它是计划书中最难以评价的部分。人类进步依赖于新的想法，而有好点子的人往往需要得到足够的支持帮助他实现其想法。即便如此，你必须面对仅有一小部分创意能转化为商业利益的事实。你面对的银行家和金融家或许已目睹了数以百计的绝妙创意由于种种原因以失败告终。因此，描述产品优势时要尽可能保持头脑冷静。

著名美国作家（作家，而非商人）拉尔夫·沃尔多·爱默生（Ralph Waldo Emerson）曾说过，如果你能做出一个更好的“捕鼠器”，那么整个世界就会向你敞开怀抱，财富也会来到你面前。然而，实际情况并没有这么乐观。任何成功的商业人士都可以告诉爱默生——做一个更好的产品仅仅是迈向成功的一步，甚至连第一步或者最重要的一步都谈不上。

不过，你也不要太灰心，你要相信自己拥有一流的产品。正如你在上文第二条下面展示的那样，你要相信自己的产品是有市场的。你现在必须做的是说服你的计划书的读者，让他们认为你的产品是一个好产品，它有足够的优势来帮助你抓住上面所提到的市场中的机遇。

坚持用有力的事实说话！像“这是市场上最好的小工具，价格也最低”之类的“膨胀型”句子，起不了什么作用。要用数据来说明你的产品为什么是最好的，同时还不是最贵的。如果你有一些独立测试结果一定要说出来，至少可以在附件中进行概述。

几个真实的数据要比一整页的形容词有价值——前文也曾提到不要滥用形容词。

产品优势可包括的信息有：

- 对产品或创意的简要描述。
- 产品或创意的工作原理。
- 与竞争产品相比的优势。
- 任何独立评估（在附件中加入细节）。

方 法

至此，读者将会对你的市场、技能和产品能给客户带来的利益有一个清晰的认识。他们现在想要知道的是，你能否以一种明智的态度和工匠精神来开始创业。因此，你要用尽可能具体的措辞告诉读者他们应当知道的信息。

- 首先，你打算如何推销产品或服务？你会有自己的销售队伍吗？你将如何宣传和推广？你的促销活动主要“瞄准”谁？你将在何时开始这些工作？（如果条件允许，请给出一个明确且具体的时间安排。）你的网站将扮演什么角色？
- 列出“管理结构”能够提升读者对计划的信心。如果你有合作伙伴或同事，他们将分别负责什么？你打算如何保持各个部分相互联系？你会每周、每月还是仅在危急关头召开管理会议？如何让员工了解公司的动态？你对他们的期望是什么？

- 概述你在项目开始时打算采用的生产方法。如果适用的话，你不妨简要地写一些你使用的前提条件。用一两个句子描述车间和机械。你或许需要劳动力，那么列出项目启动时需要多少人，随着销售额的增加又需要多少人。公司的初始生产力如何？
- 下一个问题是办公室。作为一个熟练的工程师或专业的销售人员，你可能会对所有的行政事务不胜其烦。然而，要想让读者相信你的企业不会陷入混乱或停滞不前，需要告诉他们企业中的谁能够完成相关事务，以保证公司不会走向这样的结局。当你不在的时候，谁会确保收到的电子邮件得到了答复？谁来管理资金，接听电话，以及处理订单和发票？谁来追账？你是否预估了这个部门需要完成的工作量？
- 你的读者还想要知道你如何在财务方面监管企业。哪怕是最小的企业，你也需要随时知道其现金头寸。只要有人欠你的钱，或者你欠他人的钱，你就有必要定期对现金盈余进行检查。银行或者投资方都见过很多好的企业因为缺乏基本的财务控制而走向失败。规模更大的企业则需要更为细致的控制。你不仅仅要确保自己已经有了必要的安排，还需要确保投资者明白你在这方面已做出了足够的考虑。任何好的会计师都会乐于给你恰当的建议。这一点非常重要，之后会有一整章专门对这个问题进行讨论。

长远目标

到目前为止，一切都很好。你已经解释了你将如何启动项目，以及如何在起步阶段运营项目。现在，银行家或投资方想要知道他们在未来还需要做些什么。

有些企业从本质上来讲只能短期运营；有些企业会在较长的一段时间内持续获得可观的利润；有些企业增长缓慢，它们的利润可以满足资金需求；其他的企业则必须快速发展并且需要在预先计划的基础上进一步注入资金。你的投资人想要知道你对所有这些问题的看法。

如果你的项目是开发某个“时髦”的创意，那么投资人将期待得到一些保证——倘若潮流更迭，他们会拿到真金白银，而不是未摊销的固定资产。这些固定资产的成本尚未从利润中收回，也将难以出售。总而言之，应当告诉投资人，你认为这个市场在两年后、5 年后和长远来讲会有怎样的发展，以及面对潜在的市场竞争你有何提议。

希望你能够获得巨大的成功。这也很可能意味着，尽管利润丰厚，但或早或晚你都需要更多的资金。在这里，你要展示出你对此已有所准备。

预测新企业的销售额很难。试图预测未来一年多的销售额可能更难，就连行业专家也经常出错。通常来讲，这就是人类的本性，人们常常过于乐观，但这并不是拒绝尽力预测的理由。你需要一些目标来作为计划的基础。

在这一部分，你还可以展望你的公司在未来能取得哪些新的发展成果，会涉足哪些新的产品或市场。

财务指标

虽然你对企业融资的期望和计划会在现金流预测及附录里的其他类似材料里有所体现，但是在准备阶段简要地总结重点会有所帮助。无论企业有多小，你都应当展示：

- 第一年的预期营业额。
- 第一年的预期净利润。
- 一年内将还清多少贷款。
- 何时能够完全还清贷款。
- （如果有业务启动津贴，在其停止发放的情况下）你对第二年有什么期待。

你不需要表明企业将在一年内实现盈利。投资者知道很多企业在起初都会亏损，但后来能取得成功。如果你表明自己只能在长期内实现盈利，那么你的投资人就会对投资回报有心理准备。

然而，如果你正在筹集权益资本，你还要考虑其他因素。大多数权益投资者会和你长期合作。他们对资本收益和红利（如果可以的话）较为感兴趣。权益投资者还需要以下信息：

- 预期利润增长率。
- 你的股息政策。
- 在股东获得分红之前，你和其他董事打算从企业中拿走多少。

- 如果有的话，你对于卖出、买进或在另类投资市场[①]上市有什么计划和期待。

表 1-1 是一份由巴克莱银行提供的典型现金流预测表。表格中列出的某些项目可能不适合你，或者缺少一些你所希望包含的项目，你只需将非相关科目删除或替换成你想要的科目即可。你也可以在表 1-1 的附表中添加必要的科目及你认为应该添加的详细说明。

表 1-1 典型现金流预测，巴克莱银行提供 （现金流预测： 月至 月）

项目	月		月		月	
	预算	实际	预算	实际	预算	实际
收入						
现金销售						
应收现金						
引进资本						
总收入（a）						
支出						
债务支付						
薪水或报酬						
房租、地产税或水费						
保险						
维修或翻新						
供暖、照明或供电						
邮费						
打印或文具						

① 另类投资市场（Alternative Investment Market，简称 AIM）是伦敦交易所的初级分支，指英国为那些不具备在伦敦股票交易所正式上市资格的公司所设的市场。——译者注

（续表）

项目	月		月		月	
	预算	实际	预算	实际	预算	实际
交通或汽车费						
电话费						
专业服务费						
资本支付						
利息费用						
其他						
应交增值税（退还）						
总支出（b）						
净现金流（a–b）						
开户银行存款余额						
结算银行余额						

注：所有数据包含增值税。

（附表）

月		月		月	
预算	实际	预算	实际	预算	实际

资金使用方式

现在，你的读者已经知道你有一个好的产品，该产品也有市场，而且你明白如何有效率地运营企业。接下来，你应当清楚地解释自己为什么需要投资者的支持，以及你将如何使用资金。

你要强调自己和同事在这个项目上投资了多少钱。如果你自己都没有承担一定的财务风险，那么投资人也不愿意冒着风险投资你的项目。把你投资的总金额和所有希望筹到的金额相加，列出需要花钱的项目，例如：

- 产品专利。
- 土地和建筑物（给出一些细节）。
- 厂房和设备（列举主要项目）。
- 启动初期的宣传费用。
- 网站或应用程序。
- 周转资金（参考现金流预测）。
- 应急准备金。

附　录

到目前为止，你已经告诉了读者有关你的项目的一切。现在你必须添加一些证据来说服对方，这样你就做了足够的功课，也可以成功地证明自己所说的话。最后，也是最重要的，是详细的财务预测。这将不同于相对简单的现金流预测，后者通常基于银行提供的表格或专业会计师精心制定的“商业模式”。

财务预测是整个商业计划书的精髓，特别是在现金流预测部分，你应该提供大量的信息。第二章将专门探讨这个问题。

你可以将任何能够支撑前文的文件放入附录中，它可以包括：

- 任何市场研究的准确摘要，无论是自己的还是专业的调研。
- 媒体文章的链接，其中有你建议提供的服务需求的描述，以及你的产品图片。
- 宣传手册或者其他宣传资料的复印件或者 PDF（便携式文档模式）。
- 任何产品测试的结果，特别是由独立组织进行的测试。

目前给出的大纲旨在指导新企业筹款。如果你想为扩张业务或接管现有的公司筹集资金，那么你撰写商业计划书的原则就不能一成不变，而且最好在商业计划书的开头添加一段或一页来介绍现有公司的历史。

现有公司的历史

本节应当简短、真实并且基于已审核的交易结果：应当至少展示三年的结果，如果可以的话，再加上最近的资产负债表；可以更加详细地评价参考资料，变更计划的解释可以在后文给出，例如在“市场营销”或“管理”这一主题下。公司历史还应当说明任何所有权上的重大变化或是在市场有重大变动或潮流更迭时的管理方法——换句话说，它应当提到在过去几年中影响企业的所有重大事件。

第二章

简单的现金流预测

什么是现金流预测？对于首次创业者而言，仅仅是制作现金流预测表就可能会让他们望而却步，不过，哪怕是仅有一人的最小的企业寻求贷款，银行也会要求你递交这项预测。这是因为银行相信，该预测能够让自己大概了解能否收回贷款，以及在什么时候才可以拿回自己的钱。

现金流预测是一种尝试，试图预测你未来的银行报表将说些什么。比如在你的现金流预测中，绝大多数数额都包含增值税（假设你已经登记了增值税），你将预测何时该把增值税上交到税务部门。相比之下，由于增值税不影响你的利润，你的预算（预测你的收益和损失）将不会提到增值税。

现金流预测通常以月份列出，将你期望的流入款项——通过销售和企业启动津贴等方式得到——与股票、材料、杂项、设备和生活费等开支做对比。表 1-1 就是这样一个范例。

现金流预测是你与银行讨论的重心。它不仅仅会告诉你启动企业所需的资金数额，还会告诉你需要这笔资金的时间。这使你与银行能够协商所需资金的数额和种类，并且让银行放心它们一定会收回贷款。

与银行相比，赢利预测（预算）对你而言要重要得多。如果你在创业时用已有的汽车，那么你的现金流预测可能表明你在 5

年内就能够还清银行贷款，这会让银行非常开心。但是如果你的车在第 6 年就报废了，那么，银行就会因为你盈利不足拒绝提供给你用以购买新车的贷款。事实上，在这 5 年里你不仅仅依赖于企业盈利，还依赖于汽车的资本。你的预算应当包括一个汽车折旧项，它能够提醒你前面所讲的那种事情可能发生。如果你的预算以每年折旧费为替换车成本的 20% 来计算（正确地推测出汽车将在 5 年后报废），而企业盈利足以填补这项支出，就能保证在需要的时候银行里有足够的资金可以供你置换一辆新车。

一些著名的互联网公司在建立时完全无视这些原则，它们计划吸引数以百万计的用户访问自己的网站，认为能够在随后找到利用流量挣钱的办法。于是有些人取得了辉煌的胜利，而有些人则惨败而归。胜利的人其实是创造了一个有效的世界范围内的垄断，吸引了所有可能使用潜在竞争对手产品的用户。显然，这不是一个小企业的战略，它们的创始人和投资者也一定比我有更大的勇气。

现金流预测真的有用吗

一个拙劣的现金流预测显然没有什么用处，它只能充当一个圈套或给人以错觉。不幸的是，预测数据取决于水晶球预言的销售数据有多可靠。尽管你可以通过认真的市场调查或预订单（至少是坚定的承诺）来提高这些数据的准确性，但预测现金流在一定程度上仍是在凝视一个不确定的未来。

然而，如果销售数据看起来合理且保守，现金流预测表也制作得恰当又符合逻辑，那么银行可以据此判断是否可以提供贷款（并且能让你在不卖掉房子和家具的情况下拿到还款——其实即便最强硬的银行经理也不愿采取这种措施来追回贷款）。

当然，现金流预测的主要目的是劝说银行或建房互助协会[①]借给你所需的资金，但是它也有其他重要的用途。

实际上，经过深思熟虑而制作的预测表，能够达到与精心准备的商业计划书同样的功能。它能够使你的想法更加敏锐，让你意识到计划里的决定会如何影响你的银行存款——比如在广告上的花费、你的销售条件（对于现金流而言非常重要）及是否要买自己的交通工具等。思考你的现金流是一个非常有价值的练习，试试多制作几个预测表，并且让每一次的预测表都基于不同的销售和支出。这可能是你人生中收益最大的几个小时！

即使是最小的企业也有可能做得更好，前提是企业所有者密切关注其财务进展，比较预期和现实。在商业行话中，这被称为“预算控制”。在你的现金流预测表中，建立自己的小型预算控制就像是得到一个宝贵的小工具，所以不要在银行看完后就撕掉它，要利用它。绝大多数银行明白，预算控制文件就像现金流表一样有价值，它们会提供连在一起的“预算”和“实际”栏。如果你在每个月份结束时都立刻填写好“实际”栏的所有数据，你便能快速发现哪里出了问题，以及采取补救行动的提示和线索。

---

① 建房互助协会（building society）是英国的一种金融机构，提供储蓄和抵押贷款等金融业务。——译者注

填写简单的现金流表时应遵守的原则

- 先输入更加确定的数字。
- 在交现金和支票的当月填入信息。
- 在适用的情况下，所有条目必须包括增值税。

从那些你确定（或几乎确定）的付款开始填写：

- 租金——写在必须支付租金的实际月份中。
- 房地产税——写在每个需要缴纳房地产税的月份中。
- 所有车辆或器械的租购付款。
- 你同意或希望达成共识的任何定期贷款还款额。
- 所有正式员工的工资。
- 你需要从公司支出的生活费用总额。
- 其他任何你所知道数额的必要支出。

现在还需要输入确定的定期收入，例如：

- 企业启动津贴（或等价物）。
- 任何转租租金。

下列项目将会比较困难，它们都是经费开支。由于发票还未收到，这些数额并不确定。它们包括：

- 煤气及电费账单。
- 话费账单。
- 广告和其他宣传费用。
- 汽油和其他机动车费用。
- 网站、数字和技术支持。
- 文具及印刷。
- 邮费及包装。
- 保险费。
- 维修及翻新费。
- 其他费用（具体取决于企业性质）。

我们无法将这些项目十分准确地预测出来，但是如果你做足功课，你就应该能够做出合理的预测。当然，要在每个你需要支付它们的月份输入数额。“维修及翻新费”是个特例，它们从本质上来讲就包含许多不确定性，无论是数量还是时间上。你不妨尽可能准确地推测这项费用的年度支出额，再把这个数额一分为四，将其作为每个季度的支出。

接下来要做的事情是输入最初的收入和支出——那些能帮助你起步的一次性交易。收入可以包括：

- 银行的固定贷款。
- 家庭或朋友的贷款。
- 自己的钱，即在启动日期之后转入企业账户的个人资金。

- 赠款。

支出可以包括：

- 租约的资本支付。
- 机械设备。
- 初始许可费用。
- 法律费用。
- 安装费用。
- 办公设备。
- 起始库存。
- 产品投放广告。

请记住，现金流预测应当从特定的某一天开始——通常是每个月的第一天。任何在该日期之前的收入或支出都必须忽略。你填写的是现金流表，而不是利润表。

许多初始费用将在第一个月支付，应当填写在当月中最合适的地方。但是，对于某些项目你可能会得到延期信贷，比如延长至 30 天或 6 周。这时就需要你在实际收款月中填入数额。

现在你已经将绝大部分数据填好了，但是你仍然要完成一些困难的部分。尤其是解决好销售方面的问题，这件事情关乎你用可靠的数据支持你对产品的信心。直觉告诉你，这个产品或服务会有很好的销量。但是究竟有多好？能够多快开始有收入？届时你需要做好一些市场调查，哪怕是拟用的窗户清洁工召集邻居们了解有多少人愿意花钱雇人清洁窗户也算是市场调查。充分使用你收集到的市场信息并将其与你能够投入的销售时间联系起来，你就应该可以对步入正轨后你所期望的营业额做出一些有根据的判断。

你的营业额肯定不会每个月都一成不变。首先，你可能需要一到两个月来达到你设定的销售目标。调整你的数据，允许自己有缓慢积累的机会。

来自朋友或商业人脉的预订单能够给你一个非常好的开始，能极大地帮助你在前一两个月里有良好的现金流。但是它们是非常容易得来的订单，当你开始依赖新的产品销售渠道时，你很可能在之后的几个月经历一段生意的低迷期。

哪怕你从事的不是制作复活节巧克力蛋或母亲节鲜花这样的季节性行业，你的企业也几乎一定会多多少少受到季节因素的影响，哪怕你只是作为一名自雇职业者，每年也会需要在某段时间里度假。因此，你还是需要把这个季节性因素考虑到销售档案中。

如果你的生意是“仅收现金”的生意，那么你可以直接将每月销售数额输入“现金销售”一栏中。但是，如果你打算为销售商提供赊销服务，那么你的现金流必须进行相应的调整。现金（或支票）的销售份额仍然输入“现金销售”一栏中，但是将赊销销售额填入“应收现金”一栏时会有一定的时差。这个时差取决于两个因素：你的“销售条款”中允许付款延迟的时长，以及你的客户遵守这些条款的程度。顺便提一句，要确保你的“销售条款”

能清楚地列在你的报价单上，仅仅将它们放在发票上是没有法律约束力的。

如果你的销售条款要求 30 天内付款，并且有一半的客户遵守这个规定，那么你会在下个月收到 50% 的本月赊销销售额，在下下个月收到剩余的 50%。同理，如果你允许 60 天的赊货时间，有 2/3 的客户按时支付，你会在下下个月收到 66% 的本月赊销销售额，在第三个月收到剩余的 33%。

为了得到快速付款而提供折扣也会成为问题，同样会影响到现金流。

无论是简单还是复杂的贸易条款，它们都有无数个可变因素。你要采用最适合市场的条款，但是要注意一个条件，那就是只有现金充足的人才有能力在不提供快速付款折扣的情况下承担赊销的压力。

让我们举几个例子，假设每月销售额为 1 000 英镑（见表 2–1 到表 2–4）。

表 2–1 销售条款——30 天内付款（一半按时支付） （单位：英镑）

项目	5 月	6 月	7 月	8 月
5 月支付的销售额	0	500	500	
6 月支付的销售额		0	500	500
7 月支付的销售额				500
总额	0	500	1 000	1 000

表 2-2　销售条款——同上，但提供 2.5% 的快速付款折扣（一半使用折扣，另一半 30 天内付款即可）　　（单位：英镑）

项目	5 月	6 月	7 月	8 月
5 月支付的销售额	487	250	250	
6 月支付的销售额		487	250	250
7 月支付的销售额			487	250
8 月支付的销售额				487
总额	487	737	987	987

表 2-3　销售条款——60 天信用期，没有折扣（2/3 按时支付）（单位：英镑）

项目	5 月	6 月	7 月	8 月
5 月支付的销售额	0	0	667	333
6 月支付的销售额		0	0	667
7 月支付的销售额			0	0
总额	0	0	667	1 000

表 2-4　销售条款——同表 2-3，但提供 5% 的快速付款折扣（一半使用折扣，另一半有 60 天信用期）　　（单位：英镑）

项目	5 月	6 月	7 月	8 月
5 月支付的销售额	475	0	333	167
6 月支付的销售额		475	0	333
7 月支付的销售额			475	0
8 月支付的销售额				475
总额	475	475	808	975

现在你已经解决了现金销售线和“债务人偿还的债务收入”的难题，是时候来解决“物资”（或者在某些情况下的“转售货物”）的问题了。当然，在物资采购的问题上，你需要严格管理。你已经见过太多企业由于不良采购而走向衰落，因此你要避免超额采购。采购量不要多于目前生产或销售所需的数量，无论大量采购的折扣有多么的诱人。记住这条底线非常有用！

你的采购方案要严格依照你的销售数据来制订。尽可能地在当月买进该月所用材料（或所需货物）。如果你从事贸易行业（例外会在下文处理），你要以低于平均标价的价格购入，采购量等同于你的该月销售量。如果你的企业属于制造业，那么你必须要考虑到“生产提前期”，也就是从制造商品到货品计价的实际时间，你一定要依照它来调整自己的采购方案。

让我们先来谈谈零售或纯贸易业务。在这里，你所能做到的最好结果就是当月买进，当月售出。所以，采购量要等于销售量，减去平均贸易折扣。如果你必须使用现金购买货物，那就只能这样了，但是你有很大可能性从供货商那里得到至少一个月的信用期，让销售来引导采购。

让我们举一些例子，假设在所有情况下，售价都是在成本的基础上加价 33.3%（见表 2–5 和表 2–6）。

这种支付和收入的规律绝非罕见，值得去做一点研究。请注意 8 月和 1 月突然出现的现金短缺，这些月份是支付巨额款项的月份，特别是 8 月，现金收入还相对较低。如果不从 7 月和 12 月起收回资金来满足 8 月和 1 月的需求，企业很可能会陷

表 2-5　所有买卖活动都使用现金（每月销售额稳定在 5 000 英镑，8 月和 12 月除外）　（单位：英镑）

项目	5 月	6 月	7 月	8 月	9 月	10 月	11 月	12 月	1 月
现金销售	5 000	5 000	5 000	2 500	5 000	5 000	5 000	10 000	5 000
购买	3 333	3 333	3 333	1 666	3 333	3 333	3 333	6 666	3 333
现金流	1 667	1 667	1 667	834	1 667	1 667	1 667	3 334	1 667

表 2-6　所有买卖活动都使用现金，但一半的购买有 30 天信用期　（单位：英镑）

项目	5 月	6 月	7 月	8 月	9 月	10 月	11 月	12 月	1 月
现金销售	5 000	5 000	5 000	2 500	5 000	5 000	5 000	10 000	5 000
购买付款									
本月	1 667	1 666	1 666	833	1 667	1 667	1 667	3 333	1 667
上月	0	1 667	1 667	1 667	833	1 666	1 666	1 666	3 333
向贷方支付	1 667	3 333	3 333	2 500	2 500	3 333	3 333	4 999	5 000
现金流	3 333	1 667	1 667	0	2 500	1 667	1 667	5 001	0

入困境。任何自雇职业者都应当有现金流预测，定期更新它以提防这类问题。

让我们回到范例中。有趣的是，在表 2–7 中，销售额最高的月份现金流最低，而销售额最低的月份则有着第二高的现金流。这绝不是一种多么罕见的现象。

贸易条款的选择会严重影响你的现金流，不仅仅在你的预测表上，在生活中也同样致命。你必须决定适合你的采购和销售情况的最好的条款是什么，你是否能够合理地应用它们；然后将它们应用到你的现金流预测中。

通常来讲，你的采购和销售时间差大概以一个月为基础，这在绝大多数情况下都是可行的。然而，当涉及“时尚”这个元素时，销售和采购的这种紧密关系就不适用了。

例如，在服装或鞋履贸易中，有夏季风格和冬季风格。夏季所有的采购都是在冬季完成运输，在三四月份的时候开票。冬季贸易的时差与此相似。在这类产业中，一季没有卖出去的商品就不值得隔季再上架了。因此企业在季末甩卖时，往往只求售出产品，任何售价都可以接受，有时售价比成本还低。所有可能会成为滞销商品的货物必须不计价格地迅速转化为现金。

让我们举个例子。例如，一家公司在一年里采购了价值 80 000 英镑的货物，平分在夏季和冬季，利润是成本的 100%。该公司预计在当季卖出 85%，剩余货物则以成本价格进入季末甩卖。这批货物的现金模式如表 2–8 所示。

表2-7 如表2-5，但一半的销售有30天信用期，一半消费者按时支付

（单位：英镑）

项目	5月	6月	7月	8月	9月	10月	11月	12月	1月
总销售额	5 000	5 000	5 000	2 500	5 000	5 000	5 000	10 000	5 000
赊销销售	2 500	2 500	2 500	1 250					
借方还款									
上月			1 250	1 250	625	1 250	1 250	1 250	2 500
上上个月		1 250	1 250	1 250	1 250	625	1 250	1 250	1 250
现金销售	2 500	2 500	2 500	1 250	2 500	2 500	2 500	5 000	2 500
总现金收入	2 500	3 750	5 000	3 750	4 375	4 375	5 000	3 333	1 667
向贷方支付	3 333	3 333	3 333	1 666	3 333	3 333	3 333	1 666	3 333
现金流	−833	417	1 667	2 084	1 042	1 042	1 667	5 001	0

表 2-8　现金模式示例　（单位：英镑）

月份	现金收入	支付	不包含花销的现金流
4 月	17 000	40 000	−23 000
5 月	17 000		17 000
6 月	17 000		17 000
7 月	17 000		17 000
8 月（季末甩卖）	16 000		16 000
9 月	17 000	40 000	−23 000
10 月	17 000		17 000
11 月	17 000		17 000
12 月	17 000		17 000
1 月（季末甩卖）	16 000		16 000

将采购物料与预期销售额相联系的原则也适用于制造行业的公司，不要随机采购。最需要避免的就是购进的物料超过了你短期内的需求，即使有一个非常优惠的折扣也不可以。

你的采购量必须与你的生产计划相关，而生产计划必须与你的预计销售额相关。表 2-8 是高度简化的现金模式，去掉了 2 月和 3 月，让每季包含 5 个月份，并且假设有利润的销售均匀分布。

如果你一直在按照我的建议进行你的现金流预测，那么这项工作应该已经接近完成了。只有一两项收尾工作仍然有待完成。第一，但绝非最重要的，是提供一笔“应急基金”或“墨菲定律（如果一件事情可能出错，那它一定会出错）津贴”。你要把这项工作做好，它能够弥补各种无法预见的厄运，保护企业不受困扰。它不是为了补贴超出预算的差额，而是至少从某种程度上保护你，让你不被完全出乎意料的资金短缺所困扰。以一个较小的百分比来计算它，比如营业额的 2.5%，不妨把它当作应付增值税，按月输入。

第二项工作而且更加重要的工作是，如果你申报了增值税，那要把它算进现金流预测中。目前为止，你大概已经在报关手续中加入了增值税，现在仍需计算每个季度需要缴纳的关税和货物税（或还款要求，如果适用的话）。

你大概会根据《1987 年英国财务法案》以现金支付增值税。增值税通常按季度支付，即在每个季度结束后的月份支付。例如，如果你的最后一个季度在 4 月 30 日结束，那么你要在 5 月支付 2 月、3 月和 4 月的增值税。

你的工作应从加总前三个月的销售额（包括增值税）开始，这将给出你的增值税“输出”税；接下来将那三个月内支出中的应付增值税项目相加，这将给出你的增值税“输入”税。“输入”与“输出”的差额就是你将在第 4 个月中支付的增值税。

以下支出不属于应付增值税的项目：

- 租金（几乎在所有的情况下——但需要仔细核实）。
- 房地产税。
- 工资及国民保险制度[①]。

① 国民保险制度（National Insurance）是英国的税收制度，由工人和雇主分别以一定比例向国家交纳。——译者注

- 保险，以保险税为准。
- 公交及火车票费用。
- 银行利息和大部分收费。
- 邮费。
- 许可费。
- 书籍等。

还需要注意的是，汽车的增值税（除了面包车、卡车及用于特殊商业目的的车辆，例如出租车）不能退税。

你会记得前面有一段文字告诫过你：不要把第一天之前的支出算进现金流预测中。然而，考虑到增值税可以退税，你所交过的增值税虽然属于该类支出，却应当算在现金流预测里，并且放在你在第一季度要求得到的“输入”税中。因此，在计算第一季度的现金流预测时，必须算入启动前的增值税。

你将以同样的方式计算第二个和第三个季度的增值税，但是第四个季度的增值税不应当成为这份现金流预测的一部分。这是因为直到第二年的第一个月才需要缴纳这笔增值税（如果你要做第二年的预测，它应当和其他任何年末贷款一起出现）。

如果你是从银行贷款，那么你还需要处理银行利息。然而，如果你认为再次向你的建房互助协会抵押房子更加划算，那么利息就可以放在还款安排中，不用再专门单列一个项目。不过，这里还是让我们先假设你是从银行贷款。

贷款有两种形式可供选择：可以是一种定期贷款，有固定的还款安排；也可以是透支服务形式的贷款。在第一种情况下，有确定的贷款额，固定的还款日期和金额，利息可以参考目前的银行利率轻易算出。但是，你必须支付整个未偿贷款产生的利息，哪怕你的银行账户有充足的存款。第二种情况，虽然透支服务有只对未清偿的金额支付利息的优点，但是它具有不确定性，因为银行可以随时撤回或减少贷款。然而，在现金流暂时波动的情况下（例如季节性采购），透支服务是非常合适的贷款方式。绝大多数银行愿意针对混合定期贷款和透支服务两种贷款方式进行谈判，以满足个别情况的需求。

现在，所有的收入现金和支出现金数据都已经输入好了，你可以合计每个月的收入和支出，计算出它们对你的银行余额的影响。每一家银行都有自己的现金流预测表格，你要按照银行的方法来计算。原则上，你要从开始业务当天的银行余额算起，然后叠加收入，减去支出。你在月底的余额自然会成为下一个月的起始余额。

现在，现金流预测已经可以加到你的商业计划书中，你可以将其交给银行了。上文概述的现金流预测对于缺乏专业培训的人来讲，已经达到了能力范围内最复杂的程度了。如果想要一笔额度为 2 000~3 000 英镑的贷款，这份现金流预测已经足以满足要求；但是，如果想要数万英镑的贷款，你需要准备一份更加复杂的文件，最好是概述一个完整的商业模式，包含利润表和资产负债表。这些任务应当交给一个合格的专业会计师来完成，因此本书不再就此赘述。

在第三章和第五章的末尾，本书提供了一些例子来一步步展示一份简单的现金流预测表是如何准备的。

收支平衡分析

你刚刚制定的现金流预测表是为了向银行经理或其他贷款人保证，他们十有八九会拿回他们发放给你的借款。同时，正如上文解释的那样，它也是一个帮助你更透彻地了解业务的好工具。然而，有一种更有用的工具叫作“盈亏平衡分析”（break-even analysis）—— 一种帮助你确定需要有多少销售量才能够实现承诺的方法。

为了制作一份收支平衡分析样表，你需要做好以下 5 件事。

- 合计所有你要支付的开销和费用，无论你是否生产任何产品。这些开销和费用包括房租、地产税、保险、照明和暖气等，也包括办公人员工资、生产工人基本工资、银行透支或贷款的利息、销售成本，当然还有折旧费用。
- 计算出生产一件物品的成本，不包括上述所有费用。在这份“边际成本”中，就如同它的名字一样，包含的是原材料和消耗品（如包装材料）的成本、版税（如果有的话）及那些与生产直接相关的薪酬（包括计件工资、奖金和加班费）。
- 确定你的销售价格（应该是你的市场能够承受的最高价格）。
- 计算出成本和销售价格之间的差额，确定单位毛利润。
- 现在计算出在自己赚到哪怕一分钱之前，需要销售多少商品才能够兑现还款承诺。

例如，约翰 · 史密斯（John Smith）的预测开销为每年 50 000 英镑。他的每单位“边际成本”组成如下：

原材料成本	200 便士
计件工资	100 便士
包装等消耗品成本	10 便士
合计	310 便士

每件商品约翰可以卖 5 英镑，其中包含增值税。这意味着他的单件商品毛利润为 1.9 英镑。约翰必须每年卖出 26 316 件（50 000 英镑）产品，仅仅为填补支出。他若想为自己挣得 10 000 英镑的利润，则必须卖出 31 579 件（大约每周 640 件）产品。

这样的分析本身就会引出一些有待回答的重要问题。约翰打算如何卖出自己的产品？他可以卖给大买主还是需要聘请销售人员？向销售人员支付固定的工资很可能会使他的开销增长 50%，而这反过来又意味着销售量要增加 50% 才能仅仅保证不赚不赔。或许他可以找到一个销售代理，支付销售佣金。如果是这样的话，虽然佣金不属于开销（开销是由销售额决定的），但也会直接增加“边际成本”，减少单件产品的毛利润，从而使他必须卖出更多的产品。

你可以看到，收支平衡分析是多么地让人深思，如果合理应用，它又是多么地有益。如果每当影响业务的情况有所变化时，小公司和个体营业者都能及时制作出新的现金流预测表和收支平衡分析表，那么它们就可以避免破产。

第三章

小型企业

如果你想要自己建立一个企业或与朋友合伙开公司，那么你或许会想为什么这种情况下还需要写一份正式的商业计划书呢？为什么不能仅仅填写一下银行提供的现金流预测表，然后在面谈时解释其他所有问题？

关于为什么你应当写出一份合适的计划书，有两个很好的理由：首先，正如第一章所指出的那样，因为它能够帮助你更加透彻地理解你的企业及其问题；其次，这样做是银行贷款流程的需要。

也许你的银行经理是一个友善的人，他真心想帮助小型企业，但他也是在他的上司设置的职责权限内工作，而这些上司是庞大官僚机构中的重要成员。毫无疑问，银行经理希望人们眼中的他们符合一些电视广告中刻画出的仁慈形象，给所有顾客提供适宜的建议。然而实际上，大多数银行经理的时间都花在了管理工作中，更多的是处理下级的问题或向上级汇报事务。经理们还需要在当地宣传银行，因此真正和客户打交道的时间并不是无限的。他们也就自然而然地专注于回报最大的贷款者——更大的客户。于情于理，我们也无法要求更多——毕竟银行不是慈善机构。

因此，除非是小一点儿的支行，你的贷款申请很有可能由一位初级职员处理，虽然最终可能还是由银行经理来拍板。哪怕这个初级职员的头衔里包含“经理”二字，和他们打交道还是会存在一些问题。首先，初级职员只有说“不行”的权力，说“可以”的可能性微乎其微。几乎可以确定的是，初级职员的主要作用就是像过滤器一样工作，经过他们的筛选，经理们就不用在难以预测的贷款申请上浪费时间。此外，这种初级职员状态可能意味着目前他还没能证明自己有良好的判断力和责任心。因此，你必须不遗余力地确保你的申请递交给了真正能够做决定的人。一份写得好的商业计划书不仅能够给人留下深刻的印象，还能够为初级职员省去麻烦，不用辛苦他们为你的项目写报告。这会给你融资成功带来巨大的优势。

一旦你决定要写这份计划书，你就得决定要说多少内容。你需要面对事实，在银行眼里你还是一个无名小辈，你最好将计划的主要部分缩减至两页 A4 纸的篇幅，最多不要超过 3 页。你可以添加附录（比如表 1–1 后面的附表），其中可以包含你认为应该添加的任何技术细节的详细说明，当然也要包含现金流预测表。你不必像之后的章节描述的创办大公司那样写出那么多的内容。

然而，即使在一份仅有两页内容的文档中，你也必须涵盖第一章所列出的要点，即：

- 项目是关于什么的（通常一个句子就足够了）。
- 你的市场有多大，竞争情况如何。
- 如果你已经开始创业，目前取得了怎样的进展。
- 你自身的技能和经验。
- 你的产品或项目与他人的相比有何不同。

- 你将如何安排好各项事务。
- 长远目标。
- 你期待的营业额和利润是多少。
- 你需要的资金数额及原因。

第一章开篇所列的原则也适用于这里。在下面的案例 3.1 中，你将看到适合申请几百英镑贷款的商业计划书。我也会展示填写银行现金流预测表的所有步骤。

<<< 案例 3.1 >>>

亚历山大 · 巴特斯比

我的名字叫亚历山大 · 巴特斯比（Alexander Battersby），是一名熟练的职业工匠。我希望贷款 1 000 英镑用于独立创业。

我服务的市场

我的叔叔乔治 · 巴特斯比（George Battersby）是一名从业 20 年的自雇工匠，目前已决定退休，他将把自己的客户和联系人名单赠予我，同时将他的工具卖给我。在过去的一两年里，他每个月的工作量能够创造约 1 800 英镑的收益。我相信，考虑到我拥有比他更充沛的精力，我可以将这个数额提升到至少每月 2 400 英镑，每周实际花费在工作上的时间不超过 20 个小时。

我还曾与两家当地DIY（自己动手做）商店的经理聊

天。两个人都告诉我，当客人们自己动手组装时，每10个DIY手工项目里至少有一个会让他们不知从何下手，许多人在组装时后悔不已，希望他们从来没有开始做这件事情。如果我宣传自己愿意帮助他们把东西组装好，我确信我可以得到很多有收益的工作。

关于我自己

- 我是一位训练有素的工匠，在完成学徒期后，已有9年的从业经验。
- 我还拥有粉刷和装修经验，并且具备一定的贴砖和砌墙技能。
- 我正在当地的技术学院学习一门设计课程。我已婚，育有一子。

我将如何开始创业

我不能将自己的房子用作办公场所，但是我的叔叔乔治愿意让我使用他的房子里的旧工作室，直到我找到一个合适的地方。我将付给他每周30英镑的房租。

我还需要购买一辆面包车，为此我将卖掉自己的汽车。我计划以3 800英镑买一辆新的面包车，还完这辆车的分期付款后，我的售车款会剩余1 800英镑。

第一个月里，我在当地报纸打广告将花费100英镑。为了强调我与叔叔的连续性，我将继续以巴特斯比之名进行宣传。

一位名叫多琳·格雷（Doreen Gray）的女士将负责记账和秘书工作。有人强烈建议我聘请她来帮助我保持文书工作秩序井然。这样做每月将耗资200英镑。

我还打算为每项工作提供书面报价，以避免事后产生争议。我将投保预防第三方风险。

展望未来

如果公司营业额达到85 000英镑，我就必须申报增值税。目前来讲，我的绝大多数客户都属于自然人客户，无法收回我应当收取的增值税。我的目标是从建筑商和其他已申报增值税的客户群体那里得到更多的工作，这样从长远来看，我将不再需要依赖自然人客户。

我将如何使用资金

我在建房互助协会存有3 600英镑，同时我将申请1 000英镑的透支额度。这些资金将按如下方式使用：

项目	金额（英镑）
面包车	2 000
工具	1 000
许可证及杂项费用	300
广告	200
营运资本	270
总额	3 770

> **还　款**
>
> 从随附的现金流预测表（本书略）可以看到，我不会使用全部的透支额度，但是我申请的金额足以应付任何可预见的困境。我打算在6个月内偿还全部透支金额，即使销售额低于预期。

“零工经济”① 这个术语越来越多地出现在现代商业媒体中。一个独立工匠可能不是大家脑海里最先出现的零工经济形式，但是需要强调的是，做零活式的服务业态已经存在了几个世纪并积淀了丰富的行业经验，这些经验完全可以帮助相关从业人员。

亚历山大给出的信息留下了一些尚未回答的问题，但是很明显他了解自己的定位，并且已经考虑过独自创业时他将要面对的问题。亚历山大意识到自己对于记账了解有限。哪怕多琳·格雷仅仅是刚刚能够胜任自己的工作，她也能够帮助亚历山大厘清混乱的文书工作，避免像很多自由职业者一样栽在这个环节。在这个计划的基础上，大多数银行经理会认为亚历山大的项目对于小额贷款来讲风险较低。

但是现金流预测表仍然需要准备。让我们来看看适用于亚历山大的步骤。为了更好地说明问题，我们假设亚历山大·巴特斯比正在向巴克莱银行申请贷款，并在准备现金流预测时使用了表1–1那样的表格。

---

① 零工经济（gig economy）是指由工作量不多的自由职业者构成的经济领域。——译者注

亚历山大意识到，表格上的某些项目不适用于他的情况。亚历山大只接受现金付款，因此他的所有销售都属于“现金销售”这一栏。他无须填写“应收现金”，目前也无须支付任何工资，因此他可以在表格的基础上根据自己的情况进行修改。

由于他没有分期债务，也没有申报增值税，“债务支付”和“应交增值税（退还）”这两行不适用于他的公司，因此他可以删去这两行，或将其用于其他项目上。

现在，按照第二章中规定的原则，亚历山大需要填写一些他将要支付的款项。它们会是：

- 房租或地产税——房租或地产税可以按周支付，每周 30 英镑，也就是每月约 120 英镑，从第一个月开始。
- 多琳·格雷的薪酬——每月 200 英镑，并且支付的是前一个月的酬劳，将从第二个月填起。
- 提款——亚历山大和他的家庭需要维持生计，他决定每月从公司提取 1 000 英镑，从第一个月开始。

很多人在首次创业时都要询问在发薪时扣除制[①]下，他们能为自己支付多少工资。这个问题揭示了人们对于自由职业者或者个体及合作经营创业者的税收状况有一个误解。除非你成立一个有

① 发薪时扣除制（pay as you earn，缩写为 PAYE）指英国的所得税在发薪时扣除的制度。雇主在付工资的时候要从员工工资里面抵扣这笔税款，交给税务局。雇主在此充当一个代扣代缴的角色。——译者注

限公司（通常情况下这是不明智的），否则你无法向自己支付属于发薪时扣除制的“工资”。你需要在年底根据取得的利润纳税，不得通过向自己支付“工资”或“薪水”来影响利润和应缴税款。事实上，你从公司取款多少不会影响应缴所得税的税额。（然而，如果你的配偶在这个公司工作，向对方支付的这份工资应纳入发薪时扣除制的范围。）

强烈建议你将公司支出和私人或家庭支出严格分开，养成一个定期从公司账户取款的习惯，永远不要直接将公司账户用于私人花销。在大多数情况下，创建两个分开的银行账户（或者一个银行账户和一个建房互助协会账户）是明智的做法：一个用于公司，另一个用于私人和家庭用途。将两种支出分开可以省去无休止的麻烦和困惑。

让我们回到亚历山大·巴特斯比和他的现金流预测，他还有如下一些持续开销（如第二章所示）。

- 电费——亚历山大相信，每季度向叔叔支付大约 100 英镑就足以支付电费账单中他应付的份额，把这个金额输入“供暖、照明或供电”一栏中。
- 手机话费——亚历山大使用一部智能手机，预计每季需要公司账户贡献出手机话费 100 英镑。在“电话费”一行里，将 100 英镑输入 3 月和 6 月的空格内（亚历山大必须在指定月份将这些款项转入他的私人账户）。
- 广告——在理想的情况下，公司以在当地报纸上打广告和分发传单开始广告宣传，之后凭借口碑越做越大。从 5 月起，亚历山大将把广告预算减少为每 3 个月 100 英镑。他将利用免费的脸书（Facebook）主页宣传自己的公司，向当地人发布信息。目前，他没有在脸书付费服务上花钱的计划。

- 汽油和其他汽车费用——每月 120 英镑，每季度额外支付 400 英镑，用于购买汽车润滑油和支付维修费用等。
- 文具和印刷——在初始费用后，预计每月 10 英镑足以支付此类费用。
- 保险费——这笔费用在首月支付，金额为 600 英镑。
- 修理或翻新——亚历山大认为，在一段时间内他不需要在维修上花费很多钱，除非面包车出现了问题。不过，他也认为每月留出 40 英镑来应付“紧急情况”是明智的决定。

你现在可以看到，亚历山大的现金流预测表在这一阶段会是什么样子（见表 3–1）。

亚历山大现在应该很了解他需要挣多少钱才能够支付每月运营公司的费用及家人的生活开支。他预计自己的收入至少应当达到每月 1 300 英镑。

下一步是填写启动支出和收入。你应该会记得亚历山大列出了他的启动成本。面包车和工具（共 3 000 英镑）将作为“资本支付”，其他的则作为“许可及杂项”输入到现金流预测中。（“周转资金”还未输入，此项将在稍后处理。）

在交易的第一天，亚历山大将从他的建房互助协会账户取出 3 600 英镑，并将其投入银行里新的公司账户。这笔钱将作为“引

表 3-1 亚历山大·巴特斯比 1~6 月的现金流预测表（1）

项目	1月		2月		3月	
	预算	实际	预算	实际	预算	实际
收入						
现金销售						
应收现金						
引进资本						
总收入（a）						
支出						
债务支付						
薪水或报酬						
房租、地产税或水费	120		120		120	
保险	600					
维修或翻新	40		40		40	
供暖、照明或供电					100	
广告						
打印或文具			10		10	
交通或汽车费	120		120		520	
手机					100	
专业服务费（多琳·格雷）			200		200	
资本支付						
利息费用						
取款	1 000		1 000		1 000	
应交增值税（退还）						
总支出（b）						
新现金流（a-b）						
开户银行存款余额						
结汇余额						

（单位：英镑）

4月		5月		6月		合计	
预算	实际	预算	实际	预算	实际	预算	实际
120		120		120			
40		40		40			
				100			
10		10		10			
120		120		520			
				100			
200		200		200			
1 000		1 000		1 000			

进资本”输入。

现在，亚历山大的现金流预测表会看起来像表 3–2。

接下来，必须要解决销售数据。考虑到亚历山大可以接手叔叔留下的生意这一事实，在这种情况下预计销售额就变得相对简单——包含 1 700 英镑的基本销售额。

然而，第一个月的销售额会比较少，因为此时更多的重大工作还未完成，晚些时候才能够拿到报酬。亚历山大相信，到 4 月，他的销售活动——传单和个人探访会有成效，他的销售额也会随之增加。他希望现金销售额达到：

1 月	2 月	3 月	4 月	5 月	6 月
1 500 英镑	1 900 英镑	2 300 英镑	23 00 英镑	2 400 英镑	2 400 英镑

这些数据会输入“现金销售”行中。

接下来，必须要处理原料购买的问题。由于他的大多数工作与维修相关，亚历山大预计材料的成本大概占总营业额的 12%。当营业额为 1 500 英镑时，材料成本为 180 英镑。

乔治叔叔已经和他的一些供应商安排好了，在亚历山大接手时继续提供一个月的货物信用期。亚历山大可以从这里拿到一半原料。所以“现金购买”这一行会看起来像这样：

1 月	2 月	3 月	4 月	5 月	6 月
90 英镑	114 英镑	138 英镑	138 英镑	144 英镑	144 英镑

表 3-2 亚历山大·巴特斯比 1~6 月的现金流预测表（2）　（单位：英镑）

项目	1月		2月		3月		4月		5月		6月		合计	
	预算	实际	预算	实际	预算	实际	预算	实际	预算	实际	预算	实际	预算	实际
收入														
现金销售														
应收现金														
引进资本	3 600													
总收入（a）														
支出														
债务支付														
薪水或报酬														
房租、地产税或水费	120		120		120		120		120		120			
保险	600													
维修或翻新	40		40		40		40		40		40			
供暖、明明或供电					100									
广告									100					

（续表）

项目	1月		2月		3月		4月		5月		6月		合计	
	预算	实际	预算	实际	预算	实际	预算	实际	预算	实际	预算	实际	预算	实际
打印或文具			10		10		10		10		10			
交通或汽车费	120		120		520		120		120		520			
手机					100									
专业服务费（多琳·格雷）			200		200		200		200		200			
资本支付	3 000													
利息费用														
取款	1 000		1 000		1 000		1 000		1 000		1 000			
许可及杂项	300													
总支出（b）														
新现金流（a–b）														
开户银行存款余额														
结汇余额														

“债务支付”这一行会显示：

0 英镑	90 英镑	114 英镑	138 英镑	138 英镑	144 英镑

现在亚历山大几乎完成了他的现金流预测，可以开始合计各行各列得出一个月度总值了——现在的阶段最好用铅笔。这份表格应当看起来像表 3–3。

银行余额仍有待填补。由于亚历山大是在第一天上午 9 点开始工作，银行里还没有任何资金——他自己的 3 600 英镑在当天晚些时候才能打进账户，所以他在期初余额上填入“0”，并且要根据巴克莱银行的表格指示算出期终余额。他发现自己将在月底透支 370 英镑，这是他在上文的商业计划书中填写“周转资本”时使用的数字。

一个月的期终银行余额将成为下个月的期初银行余额。因此亚历山大仅仅还需要一个项目来完成表格。银行职员告诉了他银行的收费标准将是什么，亚历山大意识到会有两个月的利息。快速计算后，他发现第一季度里他的银行收费和利息大约为 70 英镑，所以他把这个数字填入合适的月份，并且调整了他的合计数额。现在这个表格看起来应该类似于表 3–4。

当银行余额那一行填好时，现金流预测就完成了。亚历山大高兴地注意到他在银行的账户余额很可能在 6 月底超过 800 英镑。当然，这不是他过去 6 个月的利润；一方面，他已经取走 6 000 英镑；另一方面，他依然欠他的供应商、多琳 · 格雷和其他一些人

表 3-3　亚历山大·巴特斯比 1~6 月的现金流预测表（3）

项目	1月		2月		3月	
	预算	实际	预算	实际	预算	实际
收入						
现金销售	1 500		1 900		2 300	
应收现金						
引进资本	3 600					
总收入（a）	5 100		1 900		2 300	
支出						
债务支付	0		90		114	
现金购买	90		114		138	
房租、地产税或水费	120		120		120	
保险	600					
维修或翻新	40		40		40	
供暖、照片或供电					100	
广告	200					
打印或文具			10		10	
交通或汽车费	120		120		520	
手机					100	
专业服务费（多琳·格雷）			200		200	
资本支付	3 000					
利息费用						
取款	1 000		1 000		1 000	
许可及杂项	300					
总支出（b）	5 470		1 694		2 342	
新现金流量（a–b）						
开户银行存款余额						
结汇余额						

注：所有数据包含增值税。

（单位：英镑）

4月		5月		6月		合计	
预算	实际	预算	实际	预算	实际	预算	实际
2 300		2 400		2 400		12 800	
						3 600	
2 300		2 400		2 400		16 400	
138		138		144		624	
138		144		144		768	
120		120		120		720	
						600	
40		40		40		240	
				100		200	
		100				300	
10		10		10		50	
120		120		520		1 520	
				100		200	
200		200		200		1 000	
						3 000	
1 000		1 000		1 000		6 000	
						300	
1 766		1 872		2 378		15 522	

表 3–4　亚历山大·巴特斯比 1~6 月的现金流预测表（4）

项目	1月		2月		3月	
	预算	实际	预算	实际	预算	实际
收入						
现金销售	1 500		1 900		2 300	
应收现金						
引进资本	3 600					
总收入（a）	5 100		1 900		2 300	
支出						
债务支付			90		114	
现金购买	90		114		138	
房租、地产税或水费	120		120		120	
保险	600					
维修或翻新	40		40		40	
供暖、照明或供电					100	
广告	200					
打印或文具			10		10	
交通或汽车费	120		120		520	
手机					100	
专业服务费（多琳·格雷）			200		200	
资本支付	3 000					
利息费用						
取款	1 000		1 000		1 000	
许可及杂项	300					
总支出（b）	5 470		1 694		2 342	
新现金流（a–b）	–370		206		–42	
开户银行存款余额	0		–370		–164	
结汇余额	–370		–164		–206	

注：所有数据包含增值税。

（单位：英镑）

4月		5月		6月		合计	
预算	实际	预算	实际	预算	实际	预算	实际
2 300		2 400		2 400		12 800	
						3 600	
2 300		2 400		2 400		16 400	
138		138		144		624	
138		144		144		768	
120		120		120		720	
						600	
40		40		40		240	
				100		240	
		100				300	
10		10		10		50	
120		120		520		1 520	
				100		200	
200		200		200		1 000	
						3 000	
70						70	
1 000		1 000		1 000		6 000	
						300	
1 836		1 872		2 378		15 592	
464		528		22			
–206		258		786			
258		786		808			

300多英镑。

虽然他下定决心，在力所能及的情况下永远不要透支超过500英镑，但是亚历山大在申请1 000英镑的透支额度这件事情上已经比较谨慎了。这个数额应该能够帮助他应付那些最意想不到的危机。

在第十三章中，你会看到巴特斯比公司如何运营下去，以及亚历山大如何将这个预测作为一个简单的预算控制。

在很长一段时间里，小店主就像独立的贸易人员，比如亚历山大·巴特斯比那种典型的非常小的企业主。经营一家小店对于很多人来讲是很一种自然的生活方式，有许多优点。一家人“住在商店楼上”很常见，会让家庭生活更加亲密；这对于那些喜欢和邻居打交道的人来讲比较有吸引力，给了他们很多与人见面及与人聊天的机会。而且，很多人觉得经营一家小店只需要一点点培训，不像亚历山大·巴特斯比的工作需要具备专业技能，仅仅需要选择一个令人满意的地址，要有较大的人流量，再仔细控制库存，愉快的生活就会到来了。但是这种生活方式在如今这个时代已经基本消失了。考虑到这类小店的营业额通常不大，与单独的顾客打交道的店主却要承担高额的开销，这让很多人难以承受，除非店内出售的是昂贵的商品。

通过案例3.2，让我们来看一家“街角小店”发生了什么致使其关门停业，这能够说明小零售商普遍存在的内在问题。

<<< 案例 3.2 >>>

尼古拉 · 格兰特

尼古拉 · 格兰特（Nicola Grant）与一家提供小商店和公司转让信息的中介有联系。她收到了一家杂货店的详细信息，并对此十分感兴趣。该店（包含不动产）要价为 85 000 英镑再加上"库存估值"。通过进一步询问，她获悉不动产本身价值 64 000 英镑，剩余 21 000 英镑用于购买商店声誉和装置（尼古拉后来发现培根切片器和冰箱是分期付款的，不属于这个价格范围内），库存估值为 32 000 英镑。

尼古拉拿到了一份营业表和利润表，年份截至 2015 年 7 月。对方解释说，这是因为会计服务商爱德华 · 吉本先生公司（Messrs Edward Gibbon & Co）还没有完成 2015—2016 年的账目。2015 年的账目包含了 2014 年的数据，如表 3–5 所示。

这家杂货店持续上升的利润给尼古拉留下了深刻的印象。卖主史密斯一家（the Smiths）告诉她，这源于"优化购买"。当尼古拉说自己负担不起不动产时，卖主提出以每年 6 000 英镑的价格将门店租给她，另外尼古拉"需要支付所有的维修费用，拥有以商定价格买下门店的选择"。

虽然需要从净利润里扣除 6 000 英镑，但尼古拉感觉每年收入 8 320 英镑（合每周 160 英镑）仍然很诱人，而她也从小

表 3-5 史密斯夫妇（优质食品商店） （单位：英镑）

项目	2015		2014	
	预计	实际	预计	实际
营业表（截至 2015 年 7 月 31 日）				
销售		152 150		157 084
起始库存	27 346		25 048	
购买	123 504		130 566	
	150 850		155 614	
期终库存	31 560	119 290	27 260	128 354
毛利润		32 862		28 730
利润表（截至 2015 年 7 月 31 日）				
毛利润		32 862	28 730	
减去工资和国民保险税①	7 868		7 854	
费率和保险	1 584		1 500	
供暖和照表	1 550		1 380	
电话	550		544	
包装	358		370	
车费	4 232		3 870	
维修	622		540	
杂物	434		386	
银行收费	90		100	
会计	900		800	
分期付款购买	200		100	
		19 828		17 444
本年利润		14 474		11 286

① 国民保险税（National Insurance Contributions，缩写为 NIC）是英国征收的一种社会保险税。以雇主支付给雇员的劳动所得为征税对象，没有任何宽免，实行比例税率，由雇主负责申报和扣缴。——译者注

就想要经营一家小商店。在一次派对上，一些朋友说如果尼古拉可以再添加一些产品线，比如红酒和烈酒，他们就都会成为她的忠实主顾，而这个商店也可能会变成她的一座“小金矿”。

尼古拉联系了银行，得到了赞同的意见，但是银行建议她去奥尔敦企业代理机构（Ourtown Enterprise Ageney）寻求制作现金流预测表和商业计划书的指导。尼古拉向那里的顾问解释现在的情况：她在建房互助协会存有 8 000 英镑，她的父亲会借给她 18 000 英镑来帮助她创业，商店声誉、库存和装置共 53 000 英镑，她需要从银行贷款 27 000 英镑，并以她的房子作抵押。

顾问在检查账目时脸上的表情相当严肃。他向尼古拉建议，一起起草一份当尼古拉开始经营后大致一年的经费清单。他们一起制作了一个表格（见表 3–6）。

顾问指出：在目前的这种经费水平下，以 2015 年的毛利润（32 862 英镑）来看，尼古拉只剩下了 4 452 英镑（每周 85 英镑）的利润来维系生存。不仅如此，营业额似乎在下降，而不是上升，究竟在 2017 年能否保持住 2015 年的营业额十分令人怀疑。

这些数据把尼古拉吓坏了。至少有一两分钟，她讨厌这个顾问破坏了她美妙的梦想。然而，顾问的预测并没有任何可争议的地方。除非营业额急剧增加，否则这桩生意不会带

表 3-6 尼古拉·格兰特经营小店一年后的经费表 （单位：英镑）

项目	金额	备注
工资	7 000	尼古拉需要兼职工的帮助
房租	6 000	
费率和保险	1 650	
供暖和照明	1 560	
电话	300	尼古拉会节约这项开支
包装	300	
会计	900	
维修	700	尼古拉表示还有很多维修工作需要完成
车费	5 000	尼古拉需要去批发商那里现购自运
杂物	450	
分期付款	500	冰箱的价格在上一次记账时已经付清了
利息	2 025	27 000 英镑的 15%
合计	28 410	

来任何真正意义上的利润。尼古拉太了解派对上的那些朋友了，他们一定会不遗余力地为她的商店带来生意。可是即使他们竭尽全力帮助尼古拉，他们的购买力加在一起也十分微薄。顾问指出，囤酒也会花掉一些资金，而且不能保证其一定有销量。在他看来，这个杂货店几乎不值得购买，小店的“商誉”也不应当作为收购价格里的一项。

然而，尼古拉决定再努力一把。她回去探望了史密斯一家，并且告诉了他们顾问是怎么说的，他们对顾问的意见很愤怒。随后他们向尼古拉“坦白”，他们在申报所得税之前，每周“至少”从杂货店里取走了150英镑。

尼古拉回到顾问那里，告诉了他这一信息，但是顾问对此表示“以前听说过”。这在2014年或许还可行，那时每周额外增加150英镑的营业额将产生22%的毛利率。这样的增额放在2015年会产生25.4%的毛利率，远超此类商店的平均水平。

尼古拉明白了，叹了口气，决定放弃这个项目。

开一家小商店，比如礼品店，看起来似乎是一个诱人的选择，地址选在度假胜地的话也确实可能生意兴隆。然而，这种生意需要进行详尽的调查，因为总会有这样或那样的危险——比如在寒冷的10月里的街边店，尤其是当抵押贷款的还款日逐渐逼近时，生意可能就不会那么让人欣喜了。

第四章

零售和餐饮

零 售

英国是一个以贸易立国的国度。从很多方面来看，该国的金融体系适用于贸易行业，而不是制造业。比起制造产品的商业计划，“有钱人”更加倾向于理解并支持贸易类的商业项目。

对于那些想要在零售业创业或接手生意的人来讲，这本身就孕育了危险。英国充满了聪明又富有进取精神的贸易商：批发贸易商、商品交易商、股票和债券交易商。不管是哪种商品，总会有一个史密斯、一个琼斯、一个麦克塔维什、一个沙或一个帕特尔在用尽其技巧和经验忙着交易，他们身后还有一个金融系统在支持着。这种竞争太可怕了，而且是从顶端开始。大企业和公司在向下游扩展业务时冷酷无情，挤压着街边小商店的利润空间，让小商贩们难以体面地谋生。超市占据了主导地位，它们出售独立小商店曾经贩卖过的所有商品，通常其价格还更有竞争力（更不要提网上购物了），这意味着开自己的小商店会面临着激烈的竞争。

然而，作为一个零售商，你或许会得到银行的支持，但这种偏爱不仅仅源自银行对贸易的固有理解，还有其他的两个原因。第一个是心理上的原因：当一个制造商破产时往往十分戏剧化，仿佛把鸡蛋砸在了很多人脸上；而商店倒闭的过程往往要缓慢得多——会逐渐衰落到入不敷出的境地，除了受害者，其他人几乎难以发现。第二个原因是基于一个事实：哪怕是一个垂死的商店，都很有可能被成功出售。如果一个人经营失败了，另一个相信自己可以干得很出色的人会接手。英国人都很渴望成为店主，他们通常对自己经营商店的能力有着超乎寻常的信心。对现金收入也如此，他们想要用闲钱买下一个商店，无论这个商店的情况有多糟糕。

即便如此，零售商所提交的商业计划书有着其内在的优势，因为银行经理知道它在探讨些什么。银行经理同时是一位科学家、工程师及工人的可能性非常小，但是这个人肯定去过商店，知道那里会发生些什么事情。因此，零售商需要解释的事情要远比制造商要少，无须翻译很多技术行话。此外，如果银行经理在这个地区生活了几个月以上，几乎可以肯定他知晓你要讨论的店址和贸易模式。这也应该会减少他们对这方面文字的需求。

你会问道："那么我为什么要写一份详细的商业计划书呢？为什么不能仅仅提交现金流预测表、供应商提供的账目副本及一封附信呢？"

首先，尽管许多银行经理理解并支持贸易商而非制造商，但是他们也知道很多零售商店在赔钱。经验表明，哪怕银行能够收回它的贷款，店主手中的资金往往也所剩无几。你的银行经理不是食人魔。对方想要确保你所做的不是一个错误的决定，而且你要完全理解自己想要承揽的项目。

其次，第一章规定的原则至少会同样适用于零售业。写一份综合商业计划书是确保所用策略和战术经过了深思熟虑且合乎逻辑的最佳方式。经营零售业需要面对的危险和困难超出了大多数人的想象。

最后，有两个问题需要特别注意：你的产品的市场情况如何？你的采购策略是什么？

市 场

- 在你服务的区域内，你的商品是否有足够大的市场？
- 你需要占据多少市场份额才能够赚取合理的利润？

——每天会有多少人路过你的商店？

——其中有多少人会走进你的商店，变成你的顾客？

——每位顾客需要花多少钱才能够让你产生一个合理的年利润？

——在此类商品交易方面，连锁店的贸易份额是否在增加？

必须要问问自己这些问题，然后，把答案融入你的商业计划书。

采购策略

如果你已经选择了正确的店址和合适的商品类型，那么最可能让你赔钱的问题就是不良采购了。你必须以预期每月销售率和已售出商品与库存的比率为基础，制定一个明智的策略，并且把这个策略写入商业计划书。如果你想要使用一个整理好的库存控制系统（你也确实应当这样做），那么就要写明这一点，并且给出方法概要。你打算多久做一次实物盘点？盘点做得越频繁，你商店的库存控制力就越强。

当然，零售商可能会面临其他问题，比如雇用员工或使用期保障，但对于所有的零售商来讲，最常见的问题还是两个：选择店址与采购存货。无论你的零售业务是什么类型，你必须在自己的商业计划书中把这两点详尽地写出来。

法兰西第一帝国皇帝拿破仑·波拿巴（Napoleon Bonaparte）曾经嘲笑“英国是店主的国家”。但是，如果这个年轻的科西嘉人在自己的国家开店做生意，而不是为了追寻个人的权力和荣耀而将整个欧洲推入长期的战火，对于世界来讲会是一件更好的事情。

不过，英国的确是一个贸易商的国家，从很多方面来看，英国的金融系统更支持那些从事贸易的人，而不是从事制造业的人。在一个现金流超级重要的时代，零售商有一个非常大的优势：他们通常现金出售，赊账采购。这使得成功的店主几乎能够无限制扩张，而不像制造业，工厂主的成功需要解决很多资金问题——需要花越来越多的钱来支付工资和购买原材料，同时等待着不断增加的客户名单上的人们支付费用。20 世纪初，成功的零售商扩张业务主要是在其他城镇建立分店。凭借良好的现金流，来自诺丁汉（Nottingham）的布特（Boot）先生成功地将自己的商店扩张到了整个英国。

布特先生的商店如今仍然存在，这主要得益于其提供的配药服务。而利普顿（Lipton）先生的杂货店，曾经是每条主要街道的风景线，现在已经不复存在了。直到最近几年，如果一个独立店主聪明且有良好的顾客缘，那么他或许还有能力与连锁店竞争。但是现在超市几乎完全占据了零售业的主导地位，击垮了独立商店，也击垮了连锁店。我们必须承认，它们提供的服务与21世纪的生活很协调，理应拥有这样的地位。通过大量削减为顾客服务的店员，超市极大地降低了家庭购物的成本，让人们可以在任何适合他们现代生活方式的时间内购物，让人们仅仅需要跑一趟并且是去一个地方就能买到所有需要的东西。这样一来，人们不仅仅生活效率提升了，而且对于大多数家庭来讲，购买日常用品所需资金占家庭预算额的比例也大大地减少了。

此外，与《商业计划书要这样写》30年前首次出版时相比，当今越来越多的烦琐条例在限制着小企业的发展。无论一项条例听起来多么有道理，对于小公司来讲，因遵守它而对营业额产生的消极影响越来越大；而大型上市公司在英国工业联合会①则有着自己的话语权，受到的影响会相对小一些。

在很多案例中，满足官方要求的纯粹成本就足以把小企业压垮了，有更多的企业因此而不敢扩张。在律师们还使用拉丁语的时代，有一句人道主义格言就十分符合常识，那就是“法律不关注琐事”（De minimis non curat lex）②。然而，英国法律如今却越来

① 英国工业联合会（Confederation of British Industry，简称为CBI）成立于1965年，是一个独立的、企业资助的组织，全方位涵盖了从制造业到服务业在内的所有商业领域。——译者注

② De minimis non curat lex是一句古老的拉丁语格言，通常被简称为“de minimis ”，也被译为“琐事例外”。它有悠久的适用历史，18世纪时便被作为一条独立的法律原则来使用。——译者注

越多地关注琐事了，比如有人会起诉年长的女性，称她们卖糖果时以盎司为单位而不是克。与强大的上市公司相比，小企业就是那个更软的柿子，更容易拿捏。

在引言中，本书强调了在商业竞争中拥有优势的重要性。不幸的是，相比于小制造商或从事服务贸易的人，准店主寻找竞争优势往往更加困难。

对于那些有着良好宣传的商品，大型连锁店在控制它们的经销方面非常强大，以致一般的零售商店在价格方面与它们一较高下完全是不可能的。而在“服务”方面开展竞争，即传统观念里对顾客个人的关注，也没有什么真正的价值，除非是技术产品。目前，在绝大多数情况下，零售服务意味着提供一个大型超市，让那些主妇外出工作的家庭可以在一家店里买足两周内所需的日常物品，并且用一辆手推车把所有东西带走。在边远地区有一家垄断性的小店也未必是什么好事，因为越来越多的家庭拥有了汽车，这就方便了人们去稍远的集镇上的购物中心购物。那些从闹市区大型商场的嘴里掉出来的“面包屑”，现在已经很难让小商店借以维持生存了。

小型零售商还剩下了什么？首先，特殊的知识和技能。一个典型的例子就是药剂师，该类贸易在很大程度上仍然握在私人手中。然而，成为一名合格的药剂师需要多年的培训。能成功地销售高档首饰和专业摄影器材这类商品也需要很多专业的知识，还需要投入大量时间和金钱才能建立起名声，获得足够多的市场份额。

如果你的商店不仅仅有一点儿“销售”，还有一点儿“制作”，那么它就有了你所需的优势：如糕点师烘焙并出售他们的面包和蛋糕，屠夫切肉并从柜台上递给顾客。如果你的商品有一定的市场，又确实比其他的好，那么与仅仅转售其他公司的商品相比，制作 + 销售往往是一种更好的经营方式。

有时，寻找一个“机遇”是有可能的。人们或许对某类闹市区商店不提供的商品有一定的需求。如果你确定市场足够大并且可以抓住它，那么几乎可以肯定，这是你所能得到的最好的机遇。但是，你将需要做很多市场调查，并且时刻保持警惕，以确保你能领先于任何想要与自己竞争的人。

在案例 4.1 中，企业家依赖于：

- 了解某类特殊商品。
- 在市场中发现了机遇。
- 一个绝妙的主意能够让一些重要客户保持“忠诚”。

<<< 案例 4.1 >>>

罗伯特 · 赫里克和迪尔德丽 · 威廉斯

奥尔敦电器用品有限公司（Ourtown Electrical Supplies Ltd）正在收购目前由乔 · 兰普莱特（Joe Lamplight）经营的商店，该店坐落于奥尔敦市道格贝里街。店主要将现在提供的业务扩展到为全区的电器承包商服务，还需要额外资本 80 000 英镑。

这家商店的历史

1970 年，乔 · 兰普莱特的父亲在奥尔敦的主要街道上开了一家出售电器的商店。他在2006年退休了，那时奥尔敦都市区议会下令，强行让帕基德玛发展公司（Pachyderm Developments，一家上市公司）收购了兰普莱特在主要街道上的房产。

为了继续这项生意，乔·兰普莱特在道格贝里街租了一间屋子。现在租赁合同即将到期，乔也到了退休的年纪，于是决定出售商店的存货和商誉。

这些年来，大型家用电器设备（如厨房电器和电视机）的贸易下降了，但是在小一点儿的设备上，特别是电灯和灯具配件方面，商店保持了稳定的营业额。对家庭用户的销售额约为整个营业额的一半，剩下的一半以贸易折扣的方式销售给了当地的电工和电器承包商。

2016年这家商店的营业额达到了158 000英镑，毛利润达到了38 500英镑。目前的库存价值为34 000英镑。考虑到现有的客户联系，兰普莱特先生又额外追加了8 000英镑的要价。

奥尔敦电器用品有限公司不打算续租道格贝里街上的房子。该公司选择的店址在维吉斯街（Verges Street）上，那里的商场曾经属于奥尔敦商业合作社（Ourtown Co-operative Society），新址在商场一楼。虽然离主要的商业中心有点儿距离，但公司认为新址很符合公司的特点。根据租约，租期为20年，第一年的租金为20 500英镑。

市　场

我们最初的营销对象主要指向奥尔敦及周边区域的电器承包商。我们会保持现有的零售交易，当然也要扩大我们的销售范围。

我们的长远目标是建立一个综合零售业务——涉足电器及电子产品领域。

我们在奥尔敦有29个电器承包商，在邻近区域还有20个，包括威瑟斯普（Witherspool）地区。我们仔细检查过，这些个体和公司每年购买的商品价值超过100万英镑。许多采购由制造商直接完成，但至少2/3的采购是通过布拉德菲尔德（Bradfield）的批发供应商间接购买，该地距离闹市区20英里（约合32.19千米）。

兰普莱特一直在为满足这些商品需求而仔细考虑可行方法，但是他缺乏购买存货的资金，也缺乏储存和展示商品的空间，这限制了他扩张业务的机会。

我们对30个潜在客户进行了详尽的调查，得到了一些非常鼓舞人心的回应。人们对布拉德菲尔德的批发供应商怨言颇多，有时话语十分尖刻，认为他们对外地发货太少并且不可靠。这些客户十分欢迎库存充足的本地供应商。

目前为止，有10位承包商已同意投资新公司。特许会计机构贝尔特-布雷斯先生（Messrs Belt & Braces）事务所建议，可以利用企业投资计划的相关规定使这些承包商的投资不属于应纳税收入。投资方自己的会计师也同意这一观点。

董事会

奥尔敦电器用品有限公司有三位董事。

罗伯特·赫里克（Robert Herrick）将担任总经理一职，直接负责贸易销售和公司经营工作。在过去的5年里，他一直是电子供应公司布拉德菲尔德分公司的经理，经营着与奥尔敦电器用品有限公司几乎完全相同的业务。每年他都能够为电子供应公司增加营业额和利润，他的业绩远超其他任何分公司这两个指标的数据。他离开前东家源于看不到自己进一步升职的可能性。罗伯特已婚，育有一子。他拥有伦敦大学（London University）的理学学士学位，并且参加了布拉德菲尔德大学（Bradfield University）商业研究学院的管理课程。

乔·兰普莱特，目前的商店店主，已同意作为兼职董事留任至少一年。他将在需要时打理业务。兰普莱特对奥尔敦地区情况的了解和经验非常有价值（他是扶轮社[①]和商会成员），他与许多客户的友好关系也非常宝贵。在建立新组织方面，他会尽全力给予帮助。

① 扶轮社（Rotary）是一个全球性的由商业和职业人员组成的慈善团体，主要是推广经营管理理念并开展一些人道主义援助项目。——译者注

迪尔德丽·威廉斯（Deirdre Williams）毕业于布拉德菲尔德大学，婚前是伦敦周边郡县银行的区域行长助理。三年前，她作为帕基德玛发展公司董事的个人助理回到了商业领域。然而，她发现这份工作机遇有限，便与罗伯特·赫里克一起来经营这家电器公司。她将负责公司的管理和所有财务方面的工作。

罗伯特·赫里克将提供资金 40 000 英镑；迪尔德丽·威廉斯提供 20 000 英镑。他们每人每年可领取工资 24 000 英镑。乔·兰普莱特每年可领取 4 000 英镑作为服务和指导的酬劳，按季度结算。

会计工作则由贝尔特–布雷斯先生事务所提供。

代理律师为来自奥尔敦市多弗法院（Dover Court）的里德–赫林先生事务所（Messrs Reed, Herring and Co）。

方 法

在 11 月 30 日，公司计划将所有库存搬到新的地址。公司将以陈列室的方式重新摆放库存，这样普通顾客和贸易买家就可以从货架上检查并挑选货物。在公司新址后面还会有一个大型储藏室，侧入口处设有有限的停车位，贸易客户可以在此把货物装进车。本公司的供应商和面包车司机也可以使用这个入口。

公司将向贸易客户提供折扣——价格比标价低 25%；若在

30 天内支付，则还可享受 2.5% 的额外折扣；若交货付现，则另外享受 7.5% 的额外折扣。10 英里（约为 16 千米）以内，订单金额超过 200 英镑，则免费配送。小额订单将收取 10 英镑的配送费。公司计划在 8 小时内送货，配送范围为方圆 10 英里内。

总经理计划每两个月至少拜访一次所有贸易客户和潜在贸易客户。

公司主要的销售线、商品手册及价格单已经由专业人员设计好了，正在印刷当中。

12 月 7 日，公司打算在新址开业，并举办一个正式的典礼，典礼会邀请所有潜在贸易客户以及当地媒体出席。女演员博比·洛夫伯德（Bobby Lovebird）这位本地女星亲切地同意了邀约，并将出席正式的开业典礼。

公司的主要关注点之一是合理控制采购和库存水平。考虑到这个目标，公司聘请了赫波怀特公司（Hepplewhite Co）来设计一个信息化的库存控制系统。董事们相信，这个售价 30 000 英镑的系统应当在非常短的一段时间内就能够挣回投资。

长远策略

董事们制订了一个 5 年计划。在早期阶段，公司会重点关注上文概述的贸易类客户，但是对家庭用户的销售也不会忽视。当时机成熟时，有了一定的经济条件且市场调查结果也符合计划时，我们将启动销售大型电器项目，比如厨房电器及洗衣机等。这可能需要筹集更多的资金。

在5年内，企业投资计划[①]的投资者将获得投资回报。公司希望他们能够继续出任股东，但无论如何，公司还是希望能够以合理的条件来买下股份，其中可能借助增发股票的方式。

这是一家计划扩大规模的公司，它不仅仅要在短期内扩大，还要将其打造为一个主要的贸易机构。

财务要求

已认购或同意认购的资本见表4–1。

表4–1 公司认购资本 （单位：英镑）

出资者	金额	备注
罗伯特·赫里克	40 000	
迪尔德丽·威廉斯	20 000	
乔·兰普莱特	8 000	以他旧店的商誉入股
贸易（企业投资计划）投资者	40 000	
合计	108 000	

董事们希望能够申请到金额为60 000英镑的发展贷款和20 000英镑的透支额度，用以解决临时资金短缺的问题。

初始支出如表4–2所示。

① 企业投资计划（Enterprise Investment Scheme，缩写为EIS）是英国的一项投资计划，帮助规模较小、风险大的公司筹集资金。——译者注

表 4–2 公司初始支出 （单位：英镑）

支出	金额
付给乔·兰普莱特的库存费用	34 000
增加的起始库存	24 000
新店的设备和改建，以及面包车	25 000
电脑和软件	10 000
广告和宣传	10 000
提前支付 6 个月的租金	10 000
杂物	4 000
合计	117 000

如所附的现金流预测表（本书略）所示，13 000 英镑的余额再加上透支额度，应该可以提供足够的周转资金。

财务预测

根据销售和成本的预测，贝尔特–布雷斯事务所已经制作了所附的预期经费、利润和现金流报表。

如表 4–3 所示，董事们的预算利润为 18 000 英镑，银行余额为 28 000 英镑，偿还的贷款为 36 000 英镑。如果预算准确，年底的资产负债表应当如表 4–4 所示。

董事们建议，至少不要在第一年支付股息，但是他们会利用预期的现金盈余来发展零售方面的业务，比如出售冰箱、厨房电器和电视机等。

在第二年，如果一切顺利，公司计划达到 100 万英镑的营业额，净利润则为 70 000 英镑。

表 4-3　奥尔敦电器用品有限公司第一年营业财务预测　（单位：英镑）

项目	月份 12	月份 1	月份 2	月份 3	月份 4	月份 5	月份 6	月份 7	月份 8	月份 9	月份 10	月份 11	结转	合计
经费计划														
房租	10 252						5 126			5 126				20 504
房地产税	610	610	610	610	610	610	610	610	610	610				6 100
董事酬劳	3 334	3 334	4 332	3 334	3 334	4 332	3 334	3 334	4 332	3 334	3 334	4 332		44 000
电费				1 400			1 200			1 100			1 400	5 100
天然气				400			300			200			350	1 250
保险（包含汽车）	1 750													1 750
银行收费			150			150			150			150		600
许可证费（包含汽车）	200													200
工资	3 600	3 600	3 600	3 600	3 600	3 600	3 600	3 600	3 600	3 600	3 600	3 600		43 200
预扣所得税及国民保险税				756			756			756			756	3 024
非增值税总额	19 746	7 544	8 692	10 100	7 544	8 692	14 926	7 544	8 692	14 726	6 934	8 082	2 506	125 728
广告	10 000	300	300	300	300	300	300	300	300	300	300	300	300	13 300

（续表）

项目	月份 12	月份 1	月份 2	月份 3	月份 4	月份 5	月份 6	月份 7	月份 8	月份 9	月份 10	月份 11	结转	合计
汽油和石油	240	240	240	240	240	240	240	240	240	240	240	240		2 880
汽车修理			200			200			200			200		800
电话	400			350			350			350			350	1 800
杂物	200	200	200	200	200	200	200	200	200	200	200	200		2 400
专业费用	1 500			400			400			400			800	3 500
需付增值税总额	12 340	740	940	1 490	740	940	1 490	740	940	1 490	740	940	1 150	24 680
增值税	2 468	148	188	298	148	188	298	148	188	298	148	188		4 706
经费合计	34 554	8 432	9 820	11 888	8 432	9 820	16 714	8 432	9 820	16 514	7 822	9 210		3 656
利润														
销售额 减去	55 000	43 000	46 500	53 200	59 200	59 200	59 200	59 200	44 400	68 000	74 000	74 000		694 900
出售的商品成本	36 326	31 730	33 676	38 710	43 360	43 360	43 360	43 360	32 520	49 550	54 200	54 200		504 352
经费	12 534	12 534	12 534	12 534	12 534	12 534	12 534	12 534	12 534	12 534	12 534	12 534		150 408
透支利息			140	136										276
贷款利息	666	630	596	560	526	490	456	420	386	350	316	280		5 676
折旧	1 354	1 354	1 354	1 354	1 354	1 354	1 354	1 354	1 354	1 354	1 354	1 354		16 248
净利润	4 120	−3 248	−1 800	−94	1 426	1 462	1 496	1 532	-2 394	4 212	5 596	5 632		17 940

注：赫里克先生起草这份预测时，尚未有燃油增值税。

表 4-4 公司资产负债预测 （单位：英镑）

项目	金额	金额
固定资产		
商誉		8 000
配件及设备	65 000	
减去折旧	16 250	
		48 750
		56 750
流动资产		
库存	58 000	
应收账款	70 290	
现金	29 760	
	158 050	
流动负债		
贷款	52 436	
增值税	12 424	
	64 860	
流动资产净值		93 190
		149 940
长期借款	60 000	
减去还款	36 000	0
	24 000	0
	125 940	0
资本和储备		0
股份资本	108 000	0
利润	17 940	0
股东资金	125 940	0

餐　饮

在过去的几年里，最繁荣的一类小企业便是餐厅，餐饮业整体繁荣兴旺。外出就餐和以往一样受到人们的欢迎，而且，比起大型连锁餐厅，许多挑剔的顾客更喜欢小餐厅。因此，我们似乎有必要讨论一下小型餐厅的商业计划书。

任何曾担任过小企业顾问的人，都会认识这样的一类人：他们认为自己的公司或职业十分特殊，以致他们不需要公司或职业发展方面的建议，而只需要顾问指导他们如何哄（或者骗）银行提供贷款就可以了。但是，成功的企业会把规划和运营的整体原则应用到工作中，哪怕是最特殊的活动也不例外。

第一章提到了一个作家曾声称，如果你发明了一个更好的捕鼠器，整个世界的财富都会蜂拥至你门前。没有什么观点比这个更不切实际了，他的这个说法把许多有好主意的人带入了歧途。或许你是方圆 50 英里（约为 80 千米）内最好的厨师和最好的菜品设计师，但这不会自动吸引顾客到你这里来。如果你不能让顾客光顾你的餐厅，不能用这些菜肴给自己带来利润，那么你就不能比那些顶多会煮鸡蛋的人成功多少。

让我们从基础开始。首先，你想要经营一家什么样的餐厅？是开一家高档餐厅，面向当地美食家或那些寻找值得一拍的菜肴的照片墙（Instagram）用户？还是去快餐市场竞争，供应一些更物美价廉的菜肴，或者经营一家类似于面向卡车司机的免下车餐厅——甚至开一家三明治吧这样的小店？这两种经营方向哪种能够让你更加满足？

三明治吧，事实上包括所有类型的外卖店都更像零售业而非餐饮业。就像本章前文所述，同时制造和销售能够帮助小零售商在当今与国企和跨国公司的激烈竞争中生存下来。因此，外卖店的问题就是零售商店的问题，也就是选择一个对顾客来讲越方便越好的店址，租金也要合理。如果你保持一个良好的产品标准，且与所有官僚和税务人员打交道时别犯错误，你的生意应该会做得相当好。

那些我称之为“非合作餐饮”（cut-off-the-joint）的准供应商正处于一个艰难的境地。一方面，它们提供的菜肴属于家常菜；另一方面，对于那些租房经营且得到许可增加一些“佐酒小食”来补贴房租的商户来说，“非合作餐饮”是他们的首要选择，通常也是唯一的选择。这些租户的优势在于大大地减少了经费，在某个特定的地方也有了客户群体。究竟是在这样的地方就餐还是在家做饭，成了消费者难以决定的选择。

因此，本部分特意参考了那些尝试销售特殊菜品或者最佳欧洲美食的餐厅。其中一个大胆的尝试者便是案例 4–2 中的奥斯伯特·威尔金森（Osbert Wilkinson）。

<<< 案例 4.2 >>>

奥斯伯特·威尔金森

奥斯伯特·威尔金森在餐饮业有着丰富的经验。他说服了他的朋友盖伊·卢斯利（Guy Loosely）——一位才华横溢的厨师与他一起在省城开一家高级餐厅。奥斯伯特认为，餐厅最可能接待的客户是以下几类人：首先是想要以吃饭作为庆祝方式的情侣；其次是想要在同事或潜在客户面前显得自己十分有才干和有品位的商务人士；最后，是那些退休的中老年伴侣——对于他们来讲，做饭只是毫无乐趣的家务，而且他们已经形成了个人品位，而快餐和“佐酒小食”已无法使他们感到满意。

我们或许可以说，当奥斯伯特·威尔金森确定要为“讲究的顾客”提供餐饮服务时，他将相应地计划市场并且设计决策。他发放的传单、在传统媒体和社交媒体上投放的广告及挂在门边的菜单都会专门指向这类顾客。不仅如此，餐厅的室内设计和装修也必须要有重要场合的感觉。餐厅要有诱人的氛围，会使那些人（比如浪漫的情侣）想要一次又一次地来餐厅用餐。毕竟那种环境类似于英国旧火车站候车室的餐厅和摆放着已倒闭公司生产的座椅的餐厅到处都是，唯有高超的烹饪水平和最富有创造力的菜品，才能够克服这样的环境缺陷。

奥斯伯特明白，他有一项了不起的天赋，就是记住顾客的样貌和他们的名字。店主或店员能够在看到客人进来的那一刻说“很高兴再次见到你，布莱克韦尔先生”，会让作为客人的我立刻拥有一份好心情。奥斯伯特的这一天赋对于开餐厅的人而言非常宝贵。微笑没有成本，他会训练他的服务员在迎接顾客时保持迷人的微笑，无论他们背负着多大的压力。他还会向所有的工作人员强调，当有人打电话预订座位时，要在接电话的那一刻就表现得热情好客。魅力和效率在餐饮甚至所有服务行业是成功的基本保证。当餐厅里有客人时，从总管（如果有的话）到初级服务生，永远都不能让任何一位客人感到被忽视。员工要时刻环视餐厅，看是否有顾客看起来像是需要一些帮助。

房地产界的口号是“地点、地点、地点”，餐饮界的口号则应该是“经费、经费、经费”。通过比较餐厅所提供的菜品和饮料的成本及日常杂物的支出可见，餐饮经营者需要的经费是巨大的。未能预料到所需经费，特别是在人力支出方面未能做到严格管理，往往是导致餐饮经营者失败的主要因素。

奥斯伯特的会计告诉他，要做一次盈亏平衡分析（如第二章所示）。奥斯伯特必须在他将第一位顾客的食物放进烤箱前就确保食物和酒水的毛利润要超过成本。

奥斯伯特已经决定开一家中等规模的餐厅，比如说能够放置50个座位，场地租金每年30 000英镑。奥斯伯特预计，哪怕仅仅在晚餐时间开业，他仍需要3名厨房员工（包括他自己和他的朋友盖伊）和3名餐厅服务员。这些员工应该可以应付大多数晚间工作。他希望每周五、周六和周日都能够有兼职工来帮忙。他将需要借一大笔钱来布置一切，还需要支付一笔利息。市场调查显示，晚间每位顾客大概消费50英镑（这其中包含了酒水钱，每两位顾客将消费一瓶葡萄酒，售价为 30 英镑）。

奥斯伯特和会计一起制作出了经费预测表（见表 4–5）。

表 4–5　奥斯伯特 · 威尔金森的餐厅经费预测表　　（单位：英镑）

项目	金额	金额
固定开销		
房租	30 000	
房地产税	10 000	
贷款利息	16 000	
自身最低维生成本	20 000	
固定开销总额		76 000
可变开销		
员工	120 000	
供暖或照明等	16 000	
保险或会计费	4 000	
杂项	14 000	
可变开销总额		154 000
合计		230 000

如果奥斯伯特每周营业 6 天，共营业 52 周，他的开销是每天 738 英镑（230 000 英镑 ÷312 天）。他预计每晚每人消费 50 英镑（食物消费 35 英镑，葡萄酒消费 15 英镑），增值税（大约）是 40 英镑。除去增值税的边际成本为：

食物	8.75 英镑
葡萄酒	6.65 英镑
杂物	0.60 英镑

合计　　　　　　　　16.00 英镑

因此，他的毛利润是每晚每人 24 英镑（40 英镑－16 英镑）。

根据这些数据，会计计算出奥斯伯特必须平均每晚有 31（738/24）位顾客才能够填补必须支付的开销和最低维生成本。最后这点必须算进去，如果公司所有者不能维持生计，那么无论怎样这个项目都会失败。

会计还计算了每晚需要多少额外顾客才能够将基础营业额提高到盈利 40 000 英镑，而基础营业额是依照奥斯伯特自己的维生成本计算出的。需要的额外顾客数为 20 000 英镑 ÷6.73[①]÷312=9.53（这样的计算不仅仅强调了控制经费的重要性，还展示了一旦你越过了盈利线，你得到的回报会快速增加，直到发现自己需要额外的员工）。稍后，我将就如何维持这样的态势提供一些提示。

接下来的问题——餐厅是否应当在午餐时间营业，以便利用该时段的毛利润来补贴整体开销。奥斯伯特指出，午餐生意和晚餐生意截然不同。午餐时段经常有老友或商务伙伴相聚用餐，但是与晚间聚餐相比，这样的聚会整体来讲消费额不会太大。所以，总体而言，与一顿晚餐相比，一顿午餐的预计收入要低一些，价格竞争也会更加激烈。在奥斯伯特所在的城镇，一顿晚餐加上葡萄酒可能要花费 50 英镑，如

① 原书对此处的 6.73 未做说明，按该公式倒推，6.73 可以理解为奥斯伯特从每位顾客（达到基础营业额的顾客数）身上获取的最低维生成本。——编者注

果是午餐的话，绝大多数人不愿意支付超过20英镑的餐费，更不愿意在葡萄酒上挥霍。如果奥斯伯特想要在午餐时间营业，他需要按照惯例，推出简单的套餐菜单。

不过，午餐的开销相对要低一些，也能构成一定的补偿。会计指出，提供午餐的人力支出从很多方面来讲都比提供晚餐要少：午餐时段要短于晚餐时段；员工每小时的日间工资要比晚间工资少，特别是当一些员工希望能够拥有一份全职工作（哪怕需要分时段）时；而且晚间的空闲时间往往可以用于准备第二天的午餐必用品，同样，午餐的空闲时间可以用来为晚间的生意做准备。不仅如此，如果晚餐的毛利润已经包含了全部固定开销，就不需要再将其算入午餐的毛利润中了。所以“午餐时段”年度经费可以减少至如表4-6所示。

表4-6 引入午餐对经费的影响

可变开销	金额（英镑）
额外员工	70 000
额外供暖或照明等	6 000
杂项	4 000
合计	80 000

在这个基础上，奥斯伯特将会赚取到的毛利润为每日

256 英镑（80 000 英镑 ÷ 312 天），以此来支付额外经费。

如果有足够多的顾客光临，并且奥斯伯特能够按照每人每餐 20 英镑外加每杯葡萄酒 6 英镑的标准向一半的顾客收费，那么餐厅提供午餐服务就能够赢利。会计问奥斯伯特这样的价格是否低到能够与价格低很多的酒吧中的午餐竞争。奥斯伯特认为，考虑到他的餐厅有更加诱人的环境和更好的服务，这样的价格还是具有相当强的竞争力。按这样的价格计算，每位顾客带来的毛利润将为 20 英镑，去掉增值税也就是减去其 25%（即 13.50 英镑）。加上 2 英镑的酒水利润，我们就可以从每位顾客身上获得 14.50 英镑的净利润。这意味着他将需要有 256 英镑 ÷ 14.50 位顾客，才能正好填补额外的午间经费。也就是说，平均每天需要有 18 位顾客来这里享用午餐。①

这值得吗？只有第 19 位顾客的光顾才会让奥斯伯特开始赚取真正的利润。会计还问奥斯伯特，他能否承受额外的工作？会不会因此过度担忧？如果经费数额可以一点点地减少——特别是在人力成本上，那么他可以再次考虑这件事情。如果午间经费可以减少 20 000 英镑，那就意味着最低

① 此处原书表述和计算有误。只有每位顾客带来的毛利润为 18 英镑（而非 20 英镑），扣除 25% 增值税后的利润才能为 13.5 英镑；而加上 2 英镑的酒水利润，每位顾客产生的净利润为 15.5 英镑（而非 14.5 英镑），最终据此算出所需的顾客数应为 17 人（而非 18 人）。——编者注

顾客数量可以减少到13位，在第14位顾客光顾时利润就可以开始累积了。

正如第十一章所述，你越能将经费转化为直接（或边际）成本，你的企业安全系数就越高。当经费开销高昂时，比起雇用更多的永久职工，让老员工完成额外的工作并支付加班费会更加划算。很多餐厅业主愿意支付“待命工资”给那些保证能够在晚间餐厅开始变得繁忙时来帮忙的兼职员工。那些“灵活工作人员”在合理的条件及“待命工资”下，准备好牺牲一些闲暇时间，等待临时通知，并在需要时前来餐厅帮忙。这是非常宝贵的人力资源，值得支付丰厚的小时工资。

在与他的朋友盖伊和会计进行了大量的自我分析和讨论后，奥斯伯特决定尝试一把。“既然已经投入了一便士，索性再花一英镑”[①]。他决定每周在午间时段营业5天，在不吓到那些囊中羞涩的顾客的前提下，让自己的餐厅看起来越精致越好。他聘请了一位大学老友帮忙设计餐厅，在经济可承受范围之内，尽可能地把餐厅设计成巴黎风——有吊灯照明和白色亚麻桌布，加上越亮越好的灯光。奥斯伯特注意到，蒙马特风格的小隔间往往在空闲的时候最受欢迎，因为它们能够提供一个更为私密和隐蔽的环境。他的朋友将房间的一

① 英语谚语，原文为“In for a penny, in for a pound”，意为“一不做，二不休”。——译者注

面全部布置这样的隔间。奥斯伯特高兴地发现，由于不需要给椅子留出移动空间，他可以比原计划多放入一张桌子。

通过对家具等承包商的持续施压，奥斯伯特如期开业，不用为此付出昂贵的代价。幸运的是，当地报纸的记者在开业当晚也光临了，而且对他所看到的餐厅环境和享用到的菜肴感到十分满意，于是他写了一篇文章为新餐厅捧场。开业的前几周虽然不像奥斯伯特所希望的那样生意兴隆，但是要好于他所担心的情况。盖伊很开心能够以自己想要的艺术方式大显身手。虽然工作很累人，但是新的服务员喜欢在这个时髦又活泼的环境里工作。会计也一样，当他看到生意开始赢利的时候非常高兴——这些悲观的会计总是乐于看现实证明自己想错了！

到目前为止，餐厅已经有了一个好的开始，也证明了它可以赢利。如何保持下去呢？这正是奥斯伯特和盖伊互相询问对方的问题。他们看到过很多精致的餐厅从热闹走向冷清，曾经对其赞不绝口的顾客也认为它们过时了。这种情况绝不能发生在他们身上，至少在还清所有债务并积累了足够资金可以大规模重新启动或迁址之前不能发生。从盖伊的角度，也就是烹饪艺术家的角度来看，经常更换及扩充菜单是解决问题的答案。“在一定程度上，我同意你的观点，”奥斯伯特说道，“但是我知道过长的菜单会导致什么——浪费和失去控制。在多数周六的晚上，我们的预约已经满了，周五和周日也往往如此。我们可以在那些晚上推出一些更加昂贵的‘特色菜’，比如当季野味；现在我们还可以升级自己的酒单。这两种发展方式都能够提升我们的毛利润，同时对经费的影响非常小。”

这是管理层应该进行的讨论，不仅仅局限于餐饮业，在所有其他行业也应当如此，以确保他们不降低其原有标准，也不失去其原则。如果奥斯伯特坚持这样做，他将能够承受住打击。

本案例中描述的餐厅可能不是你所希望经营的餐饮类型。讲述这个案例的目的不在于提供一个蓝图，而在于希望展示普遍商业原则在某一类餐饮企业经营中的应用。也许你脑海中的小餐厅或午餐吧与例子中的餐厅截然不同，但良好的商业原则仍将适用于你的企业。祝你好运！

第五章

制造业

发明家的道路艰难又险峻。人类的持续进步依赖于他们，但他们往往是最后一批从自己的聪明才智中受益的人。不是所有的发明或想法都是切实可行的，只有一定比例的发明和想法在商业上具有可行性。重要的是如何将它们投入生产和销售——难就难在这里！

如果你是一位发明家，你的首要任务必须是保护你的发明。无论如何，你都要去见一位专利代理人并把你的发明注册了。这是必不可少的。但是专利给予的保护非常有限，注册程序烦琐又昂贵。你最好的策略是先开始生产，使市场快速饱和。如果你这样做了，你的专利就获得了价值。

作为一位发明家，你面临着两种基本策略的选择：你可以采用“自己划自己的独木舟”[①]策略，也可以把发明卖给一家大公司，一次性收取一大笔钱或者以版权费的形式获得报酬。无论采用哪种方式都会产生一些问题，你的第一个决策必须是在两种策略间做出一个选择。本章给出了两个案例（5.1 和 5.2）来阐明这些选择。

本章还有一个案例（5.3），展示了一个没有设计和市场营销技能的人，如何凭借着自己组织生产的能力和拥有的资金为其他制造商服务。

---

① 英语谚语，原文为 paddle your own canoe，指自力更生。——译者注

<<< 案例 5.1 >>>

马库斯 · 加赛德

本文旨在申请更多资金用以生产和测试新型自动挡汽车上的安全带卷轴。资金总需求为 8 000 英镑。

1. 关于市面上双门豪华轿车安全带卷轴不便之处的抱怨之声不绝于耳。前排松松垮垮的安全带常常绊住试图进入后排的乘客，给人们带来了许多麻烦。要想解决这个问题，需要制造出既能稳定、可靠地收回安全带又能在紧急刹车时的惯性作用下紧紧收住安全带的卷绕装置。我附上了一些汽车杂志中关于此问题的评价剪报作为佐证。我确信改良版的安全带卷轴将会吸引大量的客户，并且我认为自己已经解决了上文提到的问题。

2. 我叫马库斯 · 加赛德（Marcus Garside），是一名受过专门训练的机械工程师，目前在威瑟斯普工作，受聘于视美工程（Bryte-look Engineering）有限公司的质检部门。过去三年里，我利用闲暇时间设计并制作了新卷轴的初始雏形。

3. 我的设计图附于文后（本书略）。我们已经就该设计的功能性和可靠性在三款不同的车型上进行了测试。该设计已经通过布拉德菲尔德的专利中介——寻找先生和发现先生（Messrs Seek & Find）获得了欧盟专利，美国的专利也在申请当中。迄今为止，我已经为这个项目花费了 7 000 英镑。

4. 既然设计原理具有可行性，那么设计便有望进一步完善，毕竟设计本身可能也需要经过一些改进才能够投入生产。基于这两个原因，我希望能够咨询一下工程设计专业人员。咨询费用大约为10 000英镑，但是我希望可以通过政府的鼓励创新资助计划解决50%的费用。随后，我想要检测6种雏形设计，不仅仅是为了检验效果，也是为了向潜在买家展示我的专利。检验将在布里奇沃斯工程学院（Bridgeworth Engineering College）或英国车辆工程协会（British Institute for Automobile Engineering）进行，所需费用如表5–1所示。我自己将继续为该项目投资5 000英镑，并且在此向迪赛德企业基金会（Deeside County Council Enterprise Fund）申请贷款10 000英镑，以满足项目的额外资金需求。

表5–1 产品预算表

项目	金额（英镑）
咨询费用（净值）	5 000
雏形	2 000
测试	4 000
杂物及费用	4 000

5. 我并不打算自己生产或者销售该产品。我没有足够充沛的资源，也没有足够的耐心来亲自运营一个生产部门。我的目标是把这个设计和专利权卖给可以充分开发和利用它的公司。目前，国内有两家公司有能力生产这种安全带卷轴。

<<< 案例 5.2 >>>

罗斯玛丽 · 兰布勒和缪丽尔 · 汤克斯

我们是罗斯玛丽 · 兰布勒（Rosemary Rambler）和缪丽尔 · 汤克斯（Muriel Tonks），公司位于威瑟斯普市丘奇路14号，邮政编码PS3 7HT。现申请贷款15 000英镑，以开展花园雕塑的设计和销售业务。

市　场

随着英国旅游业的发展，装饰酒店、花园和公园的需求也不断上升。我们发现，高质量的花园和酒店雕塑有着非常广阔的市场，并且这个市场还在不断扩大。大理石和青铜过于昂贵，生铁和仿石又缺乏美学感染力，但是，托尔帕德尔高级技术学院（Tolpuddle College of Advanced Technology）最新研究出的新合金237B使雕塑既拥有外观吸引力又拥有适销价格。

我们生产了一个雕塑成品和4个初步设计的模型。带着这些样品，我们联系了5家酒店集团和40个私人买家。他们显示出了极大的兴趣。天堂之景酒店公司（Paradise View Hotels）已经给了我们一个确定的初次订单，订购20尊雕塑，每尊价格为1 300英镑（包含增值税）。我们相信，在初次订单完成后（比如12个月内），对方将购买更多产品。我们还有来自私人买家的订单，共计4尊雕塑。

目前为止，虽然我们的销售工作开展得有限，但是结果非常鼓舞人心。我们预计这类产品有一个潜在市场，需求量大概为 10 000 尊雕塑。考虑到我们率先在这个领域内拥有了高质量的设计和产品，我们应该至少能够获得 10% 的市场份额。5 年销售 1 000 尊产品，这意味着销售额将达到 130 万英镑（包含增值税）。

我们自己

罗斯玛丽·兰布勒将担任艺术总监一职，并且负责生产工作。她的履历大致可分为 5 个阶段：1982—1985 年，就读于布里兹–诺顿艺术学院（Brize-Norton College of Art）；1985—1988 年，就职于雕塑家阿特·西尔沃维兹（Art Slivowitz）的工作室，位于巴黎；1989—1990 年，无业；1991—1996 年，奥尔敦理工大学(Ourtown Polytechnic)雕塑学讲师；1996 至今，英国东部大学（University of East England）雕塑学高级讲师。她此前曾受托为一些剧院设计场景，包括在伦敦帕拉丁剧院（London Palladium）[①] 演出的著名音乐剧《泰特斯·安特洛尼克斯》（*Titus Andronicus*），还设计了新布拉德维克市政厅（Bladderwick Town Hall）的雕带。

缪丽尔·汤克斯将负责市场和销售工作，同时还负责所有办公工作和财务安排。在参加了两年奥尔敦理工大学的艺

① 伦敦帕拉丁剧院（London Palladium）是伦敦最负盛名的剧院之一，尤以音乐剧著称。——译者注

术课程后，缪丽尔作为奥尔敦家庭商店有限公司（Ourtown Home Stores Ltd）的管培生投入到商业生活中。目前，她在该公司担任采购助理，同时在奥尔敦继续教育学院(Ourtown College of Further Education)学习企业管理课程。

产　品

合金237B不仅较为便宜，而且与铜相比，它的熔点更低，浇铸更简单，这些是它的主要优点。该金属由伯明翰市（Birmingham）的复古金属有限公司（Vintage Metals Ltd）供应。我们还与斯坦尼斯拉夫斯奇铸造有限公司（Stanislavski Foundry Ltd）签约，每月浇铸两尊雕塑，一年内价格保持不变。我们的产品成本包括金属成本和浇铸成本，每尊标准尺寸［约为5英尺×3英尺（约为1.524米×0.9144米）］的雕塑的成本为690英镑（包含增值税）。

在第一年，我们将集中生产5种模型。模型可以依据以下设计方案来制作：

- 哥本哈根美人鱼。
- 撒尿男童。
- 罗丹的“思想者”。
- 跃立雄狮。
- 丘吉尔半身像。

我们的选择是为了适合各种各样的口味。考虑到铸造问题，我们拒绝了其他的两个流行建议：切利尼（Cellini）的“珀尔修斯”和“两位龙尼”[①]。

我们的短期计划

我们的雕塑将使用名为“失蜡法”的工艺进行生产。这需要设计师先制作每个雕塑的全尺寸石膏模型，浇铸厂才能以此制造最终的金属雕塑。

我们已经成功地铸造好了一尊金属雕塑，可以向顾客出售。还有两个较完整的石膏模型已经送到浇铸厂，准备浇铸。罗斯玛丽的首要任务就是完成剩下的两个完整模型，缪丽尔会时不时搭把手，学院里的学生也会在空闲时间来帮忙，预计将耗费10周时间来完成这两个模型。与此同时，浇铸厂会用现有的完整模型开始浇铸工作。

我们在威瑟斯普市丘奇路上购置了合适的办公地点，租金为每年3 000英镑，包括一个可以设计新模型的工作室，一个可以对雕塑进行最后加工及包装的工作坊，一个适合办公的空间，以及一间可以展示一些小模型或者雏形的陈列室。

我们认为，至少在第一年，除了偶尔雇用临时工之外，我们不需要聘请任何员工。

我们的生产局限在于斯坦尼斯拉夫斯奇铸造有限公司

① 两位龙尼，即 *The Two Ronnies*，英国喜剧小品。——译者注

每两周才能浇铸一尊雕塑。不过铸造厂已承诺将提高生产能力，在附录A（本书略）中有一封信能够佐证这一事实。

我们的合作从本质上来讲是一次市场营销和设计的合作，我们提议在第一年斥重金来做宣传和打广告。缪丽尔将专注于销售工作。我们会通过邮寄广告、电话推销和登门拜访三种方式进行宣传，面向大型酒店集团和其他有可能购买雕塑的企业。我们建议购买一台笔记本电脑，用它来管理我们的行政事务和财务账目，并且建立一个包含实际和潜在客户的数据库。

我们从威瑟斯普企业代理机构那边得到了很多非常有用的帮助。我们也很荣幸地接受了对方的提议，由其继续为我们提供支持和建议。

我们还应当定期咨询我们的会计机构，奥尔敦的贝尔特–布雷斯先生事务所。

鉴于我们的大部分客户会是商业公司，我们要立即注册增值税。

长远计划

我们计划在5年内销售约1 000件商品，并打算在第5年内迅速扩大产能至年产400件雕塑。如此快速扩大产能将涉及3方面的要求：

- 目前合作的铸造公司需要大幅度提高产能，否则只能另寻可以承担额外生产任务的公司。

- 每年增加4种新模型，而设计什么样的模型将由我们根据市场调查来决定。
- 大概在开业两周年时寻找更大的办公地，雇用更多工作人员。我们希望能够在5年内雇用3位技术娴熟的人员，以及至少一位无技能或者略懂技术的工作人员。

财务状况

我们已达成一致，目前已完成的工作（基本上由罗斯玛丽完成）应估价8 000英镑，其中包括一尊已完成并且可出售的雕塑。缪丽尔将为公司投入8 000英镑的家庭贷款，作为她对合伙资产的贡献，这笔款将在公司开业第一天转入合伙账户。

合伙人将平分利润，共担亏损。我们的代理律师，来自马尼亚纳–霍利迪事务所（Manyana & Holliday）的马尼亚纳先生正在草拟一份合伙契约。

两位合伙人希望能够申请到一笔8 000英镑的定期贷款，还款期从第9个月开始，一共分为8期，每3个月为一期。在这个基础上还需要7 000英镑的透支额度。

我们的起始资本为16 000英镑，我们将花费3 000英镑购置一辆小型二手汽车用于销售和访问。我们还需要购置办公设备以及起重机等物品，来辅助包装工作。

表 5–2 显示了我们对这 16 000 英镑的资金的使用计划。

表 5–2 起始资本的用途

资金用途	金额（英镑）	备注
汽车	3 000	
办公用品	2 000	包含增值税
迁址	1 000	包含增值税
设备	1 200	包含增值税
运营资本	8 800	
合计	16 000	

在第一年，周转资金的需求会很大，部分原因在于铸造厂的产能有限。斯坦尼斯拉夫斯奇铸造有限公司正在提升产能，并且承诺将尽其最大的努力来加速生产。在我们的财务预测里，完全没有任何超出铸造厂承诺达到的生产量数据。鉴于我们的销售潜力，任何产量的提升都会给我们的利润和现金流带来巨大的影响。

附录（本书略）中包含以下文件：

- 斯坦尼斯拉夫斯奇铸造有限公司的来信。
- 我们的第一尊雕塑的照片。
- 经费一览表。
- 利润预测表及现金流预测表。

在这些账目中，我们会为设计和制作模具的开销“注入充足的资金”。我们将把它写入每尊雕塑的制作成本中，如利润预测表所示。

我们预计在第二年至少出售 140 尊雕塑，产生的利润如表 5–3 所示。

表 5–3 销售 140 尊雕塑的利润表 （单位：英镑）

项目	金额	金额
销售额		182 000
成本		
金属和浇铸费	96 600	
模具和设计费	4 800	
经费	24 600	
工资	15 000	
利息	600	
折旧	1 600	
成本合计		143 200
利润		38 800

我们在电脑上制作了一份现金流预测表（见表 5–4）。虽然它看起来不同于亚历山大·巴特斯比根据银行表格所做的预测，但它确实遵循了第二章规定的基本原则。你应该记得，第二章建议你从列出所有知道的需要支付的固定数额开始，然后填入其他的收费项目，比如电费这样无法预测准确数额的日常支出。

表 5–4 罗斯玛丽·兰布勒和缪丽尔·汤克斯的经费计划

（单位：英镑）

项目	月份 1	月份 2	月份 3	月份 4	月份 5	月份 6	月份 7	月份 8	月份 9	月份 10	月份 11	月份 12	未偿付	合计
房租	1 500						1 500							3 000
房地产税	80	80	80	80	80	80	80	80	80	80				800
供暖与照明				400			400			400				1 600
保险费（汽车）	1 650													1 650
养路费			400											400
银行收费				60			60			60			60	240
电话费	200			500			500			500			500	2 200
广告与印刷	540	540	540	540	540	540	540	540	540	540	540	540	540	7 020
汽油等	200	200	200	200	200	200	200	200	200	200	200	200		2 400
办公及其他杂物	50	50	50	50	50	50	50	50	50	50	50	50		600
专业费用		500											1 200	1 700
维修与翻新			200			200			200			200		800
意外事故	60	60	60	60	60	60	60	60	60	60	60	60		720
合计（不含增值税）	4 280	1 430	1 530	1 890	930	1 130	3 390	930	1 130	1 890	850	1 050	2 700	23 130
需缴增值税	856	286	306	378	186	226	678	186	226	378	170	210	540	4 626
支付合计	5 136	1 716	1 836	2 268	1 116	1 356	4 068	1 116	1 356	2 268	1 020	1 260	3 240	27 756

罗斯玛丽和缪丽尔的现金流预测表比这个更加详细，还包含了一份完整的时间表，按月份列出了她们预计要支付的经费。这里输入的金额已经扣除了增值税。其中部分项目不含增值税，有些则需要缴纳增值税。在每一列的最后有非增值税项目合计、增值税项目合计以及需缴增值税，除此之外还有总额——它代表着本月需要支付的经费数额。

你将注意到，右边的第13列用于估计与今年相关的各种经费开销（即“未偿付”项），这些经费直到年底之后才需要支付。把这些经费算入每月开销中，你就能知道影响年利润的经费开销总额是多少。

准备一个这样的经费计划的过程对于任何小企业主来讲都是非常有用的锻炼。如果企业主知道一年需要投入多少经费，那么除以12以后，他就会知道每月至少需要创造多少毛利润才能够正好填补上固定经费支出。

例如，一个零售商的固定开销为每年24 000英镑，他就会知道他每个月必须要有2 000英镑的毛利润才足以支付经费。如果他的销售利润率为25%，那么每个月需要有8 000英镑的营业额（每天近400英镑）才仅仅可以填补经费。而且，这个计算过程不考虑任何工资、资本利息、折旧费和给予业主的利润。

罗斯玛丽和缪丽尔还想大概了解她们第一年可能赚到多少或亏损多少，于是制定了一份利润预测表（见表5–5）。

表 5-5　罗斯玛丽·兰布勒和缪丽尔·汤克斯的利润表和现金流预测表

项目	月份 1	月份 2	月份 3	月份 4	月份 5	月份 6
售出雕塑数量	1	3	3	3	4	4
销售额	1 300	3 900	3 900	3 900	5 200	5 200
减去						
金属与浇铸	570	1 710	1 710	1 710	2 280	2 280
模具与设计	40	120	120	120	160	160
经费	1 928	1 928	1 928	1 928	1 928	1 928
利息	94	94	94	94	94	94
工资						
折旧	134	134	134	134	134	134
利润	−1 466	−86	−86	−86	604	604
销售收入		1 528	4 582	4 582	4 582	6 110
贷款	8 000					
其他收入	8 000					
收入合计	16 000	1 528	4 582	4 582	4 582	6 110
支付项目：						
金属及浇铸	0	2 010	2 010	2 010	2 680	2 680
模具材料	906	680	0	460	460	460
工资（同上）	130	130				120
经费	4 464	1 666	1 714	2 126	1 078	1 314
利息			282			282
其他工资						
取款	1 000	1 000	1 000	1 000	1 000	1 000
资本支付	7 200					
增值税				−1 440		
贷款还款						
支付合计	13 700	5 486	5 006	4 154	5 218	5 854
余额	2 300	3 958	−424	428	636	256
银行余额	2 300	−1 658	−2 082	−1 654	−2 290	−2 034

（单位：英镑）

月份 7	月份 8	月份 9	月份 10	月份 11	月份 12	合计
4	5	5	6	6	6	50
5 200	6 500	6 500	7 800	7 800	7 800	65 000
2 280	2 850	2 850	3 420	3 420	3 420	28 500
160	200	200	240	240	240	2 000
1 928	1 928	1 928	1 928	1 928	1 928	23 136
94	94	94	94	94	94	1 128
		400	400	400	400	1 600
134	134	134	134	134	134	1 608
604	1 294	894	1 584	1 584	1 584	7 028
6 110	6 110	7 638	7 638	9 166	9 166	67 212
						8 000
						8 000
6 110	6 110	7 638	7 638	9 116	9 116	83 212
2 680	3 348	3 348	4 018	4 018	4 018	32 820
460	460	460	460	460	460	5 726
500	500	500	500	500	500	3 380
3 626	1 078	1 314	2 126	998	1 234	22 738
		282			246	1 092
		400	400	400	400	1 600
1 000	1 000	1 000	1 000	1 000	1 000	12 000
						7 200
138			2 074			772
		1 000			1 000	2 000
8 404	6 388	8 304	10 547	7 378	8 858	89 328
−2 294	−278	−666	−2 940	1 788	308	−6 116
−4 328	−4 606	−5 272	−8 212	−6 426	−6 116	

有一行代表着“经费”——年度总额的1/12，不包含增值税。（请记住，如果你注册了增值税，增值税就不会影响利润表。）“销售额”这一行代表着该月售出的雕塑数量的发票金额。“金属与浇铸”数据代表着制作同等数量的雕塑，从金属供应商处买进金属的成本加上浇铸的成本。

罗斯玛丽和缪丽尔意识到，在计算每尊雕塑的成本时，她们必须算入设计和制作模具的费用。她们算出了设计加制作模具的平均费用，然后除以她们认为模具耗损前或是过时前能够制造的雕塑数量。经过仔细考量，她们把数额定在了40英镑。利润预测表中的“模具与设计”一行代表着该项成本。

表5–5中有一行叫作“利息”，是她们需要支付的贷款利息。还有一行是“工资”——这不包含设计和制作模具的工资，因为该项已经算入那40英镑当中了。除了制作模具的员工，她们认为第一年不需要再雇用任何人。

最后一项开支是“折旧”。

下一步，缪丽尔制作了该年的现金流预测表。在这个表格中，所有数据必须包含增值税（在适用情况下），因为她在处理现金的实际流动。“销售收入”这一行代表着实际金钱收入（假设雕塑的费用清单发出一个月内就能收到付款）。

“模具材料”和“工资”代表着在这两项上的实际花费，

正如“利息”和“资本支付”代表这两项上的支出数额一样。

有一行叫“取款”，代表着罗斯玛丽和缪丽尔需要的生活费。还有几行显示了她们投入公司的资金，包括借款和自己的钱。“贷款还款”则显示在各自的还款期下。

计算“增值税”这一行需要从向顾客收取的增值税中减去向供应商付款时的增值税（包括正在产生的成本以及各项经费）和资本支付。该项计算是按照季度进行的，在每季结束后的第一个月份支付。

请注意，由于第一个月需要支付大笔费用，却又没有足够的收入，罗斯玛丽和缪丽尔可以申请偿还第一季度的增值税。

接下来，让我们认识一个拥有专利的团队（见案例 5.3）。假设该团队的产品是一个商业提案，我们希望生产和销售它。合作伙伴是两个男人或女人，这俩人要从事同一个行业，一位擅长市场营销，另一位则懂得生产。他们的组合明显比孤军奋战要强得多。他们都很聪明，邀请了一位同事加入，虽然那位同事是兼职，但她的财务知识和技能能够帮助他们在金钱问题上达成一致意见。他们也同意，第一年的主要目标是建立起一个高效率的生产系统。

虽然总经理会将很多精力放在产品营销上，但是他们决定暂且推迟建立自己的销售部门，依靠另一家公司进行销售。唯有时间才能证明采用这个战略是否会得到回报，但至少它给了管理层可贵的成功机会。

<<< 案例 5.3 >>>

詹姆斯·特伯特、布赖恩·弗莱彻和朱莉娅·沃驰曼

本项目旨在为习惯用左手的人制造斯诺克球杆。我们发现，该市场正在扩大。我们需要额外资金 10 万英镑。

我们的市场

根据斯诺克球杆制造商协会（Snooker Cue Maker Society）2017 年的年度报告，从 2016 年 9 月至 2017 年 8 月，共售出球杆 20 万根。然而，目前所有的主要球杆制造商都仅仅制造适合右手操作的球杆。

皇家出版局（Her/His Majesty's Stationary Office，缩写为 HMSO）发布的惯用手数据（HMSO Statistics of Handedness）显示，年龄介于 10 到 60 岁的男性中，有 7.8% 的男性惯用左手的程度较高，使用适合右手操作的工具会有一定困难。

通过对 452 位惯用左手的男性的采访，我们得到的抽样调查显示：

- 72% 的受访者不想打斯诺克。
- 若有适合左手操作的球杆，10% 的受访者愿意打斯诺克。
- 7% 的受访者可以无障碍地使用适合右手操作的球杆。
- 9% 的受访者表示使用适合右手操作的球杆十分困难。
- 2% 的受访者拒绝回答。

从以上数据我们推断出，适合左手操作的球杆有其潜在的市场，每年需要 50 000 到 80 000 根。

我们采访了 2014 年圣基尔达（St Kilda）和罗科尔（Rockall）斯诺克冠军赫克托·麦克沃特（Hector McWhirter），他是一位众所周知的“左撇子”。麦克沃特先生使用的是一根定制的左手球杆。他告诉我们，在他专门找人制作这根球杆之前，他“一事无成”。他说这根新球杆让他在比赛中每局多得了 25 分。麦克沃特先生想要为我们的公司提供赞助，不过这笔资金不多。

目前，三位主要的代理商分销了市场上 55% 的斯诺克球杆，剩下的 45% 通过普通零售渠道直接销售。鉴于我们的销售额和分销机构有限，我们决定通过主要的代理商销售。加利加斯金和布利克斯有限公司（Galligaskin and Breeks Ltd）已经同意和我们签下第一笔订单，购入 1 000 根球杆，并且参加我们的销售和宣传活动。

董事会

詹姆斯·特伯特（James Turbotte）是公司的创始人。自离开学校以来，他的整个职业生涯都是在体育用品行业度过的：

1992—1998 年　加固板球球板有限公司（Consolidated Cricket Bats Ltd），实习生。

1998—2004 年　快与推有限公司（Hurry & Push Ltd），

体育用品部推销员。

2004—2009 年　珀特平克有限公司（Potpink Ltd），助理销售经理。

2009—2016 年　珀特平克有限公司，销售经理。

2016 年，体育销售公司（Sportsell Inc）接管了珀特平克公司，因此特伯特在 2016 年 12 月不得不另谋职业。从那时起，他便与布赖恩·弗莱彻（Briam Fletcher）一起致力于开发新的左手球杆，并且进行了必要的市场研究。他认为，他有资格说没有人比他更了解斯诺克球杆市场。他已将 21 000 英镑的积蓄投资于该公司，并且第二次用他的房子进行抵押贷款，以进一步筹集 48 000 英镑资金。

布赖恩·弗莱彻在斯诺克球杆制造方面持有城市行业协会证书（四级）。他的整个职业生涯都在珀特平克有限公司的球杆部门。三年来，他是主管技术发展的经理。当体育销售公司在 2016 年将生产转移至韩国时，他变得多余了。他帮助我们设计了新的球杆，并将担任公司的生产总监。通过再次抵押他的房子，他筹集到了 21 000 英镑用以投资公司。

朱莉娅·沃驰曼（Julia Watchman）是一位注册会计师。虽然她受雇于当地的一家会计师事务所，但是得到了事务所的允许并在本公司董事会担任财务总监。她从家人那里借来了 25 000 英镑用于投资本公司。

审计员：贝尔特–布雷斯先生事务所，奥尔敦皇后街。

代理律师：马尼亚纳先生，马尼亚纳–霍利迪事务所。

产 品

我们的球杆是为习惯用左手的球员设计的。通过重新调整末端握把，调整前节的转矩并且使用布赖恩·弗莱彻发明的特殊先角（欧共体专利 158692），惯用左手的球员可以像他们的“右撇子”对手一样，手臂动作有足够的自由空间。独立测试（见下文）表明：

- 仅重新调整末端握把这一项就提升了 7.13% 的击打主球精准度，目标球的路径精度提升了 6.78%。
- 仅调整前节转矩这一项就提升了 2.38% 的击打主球精准度，目标球的路径精度提升了 2.68%。
- 仅新先角（产品名为“准尖”，Accutip）这一项就提升了 11.29% 的击打主球精准度，目标球的路径精度提升了 13.17%。
- 将三项结合在一起，总体提升了 18.72% 的击打主球精准度，目标球的路径精度提升了 19.98%。
- 技术专家告诉我们，“反补偿”导致了总体改善额少于每项改善额的总和。

我们打算利用布赖恩·弗莱彻的技术和经验来自己制造球杆，但是我们提议最后的喷漆和绘画工作分包出去。

我们选择了必要的器械，设计了特殊的工具。通过使用较好的二手设备，我们应该能够将所有器械和工具的花费控制在 92 000 英镑以内。

根据收到的报价以及在打印商业计划书前的精心估算，我们发现每根球杆的出厂价格大约为 32 英镑。我们与加利加斯金和布利克斯有限公司在初始订单上商定的球杆单价为 60 英镑，余下 28 英镑用于支付经费和利润。

因此，我们的球杆应以每根 140 英镑的价格在商店出售。这比“锦标赛”牌标准右手球杆的价格高出 8%，但我们相信，我们的产品对“左撇子”来讲足够提升效率和精准度，这一点完全可以补偿相对较高的价格，让我们在这一市场获得盈利。

斯诺克球员协会（Snooker Players Association）有足够的资质来安排独立的球杆测试。上文概述的测试结果载于附录 2（本书略）。

我们的短期战略

由于我们的劳动力和资金资源有限，在现阶段，在市场营销方面，我们还不能组建自己的销售团队和分销系统。因此，我们与位于伦敦的加利加斯金和布利克斯有限公司签署了为期一年的合约，这家公司将独家销售我们的产品。该公司已经承诺，最初的订单合同不会少于5 000根球杆，并且同意承担合理的启动期内的50%的广告和宣传费用。

我们计划举办一个广告宣传活动，重点是要出现在明年所有在英国举行的大型赛事的现场。

詹姆斯·特伯特将负责所有的市场营销工作以及整体的日常管理。

布赖恩·弗莱彻将管理所有的生产、采购以及运输工作。一位助理将协助他的工作，特别是在质量管理方面。

朱莉娅·沃驰曼将担任非执行董事，但是她也将出席我们计划每周举行的管理会议，并且监督公司财务。我们任命了一名办公室经理来辅助她的工作。

我们在奥尔敦市的旧铜底厂（Copperbottom Mill）租到了合适的厂房，租期为7年。我们将在10月1日搬入厂房。

我们可以买到品质优良的二手器械，省下来的钱可以用于购置一种特殊的工具。这种工具将由我们自己设计，由米尔斯顿落煅和机床厂（Dropforge and Lathe of Milston）制造。工具的设计方案已经敲定，制造商承诺在10月1日交货。

我们将最终的喷漆和绘画工作至少分包给了两家享有盛誉的公司——它们给出了非常优惠的条款。

我们已经招聘了4名技术娴熟的球杆制作者和5名不具备相关专业知识的人，应当能够满足每周制作350根球杆的人手需求。我们设想的是除了董事会成员，共招聘14位工作人员。每星期增加100根球杆的生产量意味着需要增加一位工作人员。我们将通过培训项目来满足这项需求。我们相信：已经购买或是提议购买的机器和设备能够满足每周生产750根球杆的生产需求。我们的厂房空间足够每周生产1 000根球杆。

我们的办公室经理是一位经验丰富的簿记员。我们打算为总经理量身打造一套完整的每周管理账目和一份每日更新记录（包含现金、应收账款及现有订单等）。公司暂时由员工手动记录账目，但是我们有一台小型个人电脑可以用于统计客户数据库和其他管理用途。

我们的长期战略

体育用品市场竞争激烈，尤其是像斯诺克这样备受欢迎、球员众多的运动项目。我们的专利将给予我们一定的保护，但是我们相信，长远的成功还是要依赖于很高的市场份额。

因此，我们的五年战略概括起来有如下6个方面。

- 在第一年建立起可扩展的生产能力。
- 同时，在第一年建立可靠的质量控制系统。在这一方面，我们正在聘请克里施曼—戴维斯联合公司（Krishman-Davis Associates）来做我们的顾问，并且向贸易与工业部申请补助金，以帮助我们支付这笔费用。

- 在英国及海外调查市场机遇。
- 在第二年和随后的几年里，创立我们公司自己的销售和市场部门来开拓更大的市场。
- 发展“准尖”，将其用于适合右手的球杆。究竟是扩展我们的制造范围，自己生产右手球杆，还是允许其他制造商使用“准尖”，具体将取决于未来的市场情况和资源条件。
- 睁大双眼，留意收购机会，收购那些能够支持或提高我们的产品生产和销售的公司。不过，我们不应当让此类收购活动在资源方面影响我们的主要目标。

我们竭尽全力地想要在五年内成为市场的主力军。我们设想的快速扩张导致五年内不太可能有可用于支付股息的现金。

财务要求

在小企业贷款担保计划[①]下，我们正在申请10万英镑的贷款。额外的80 000英镑由董事们出资，普通股本总额为115 000英镑，如表5-6所示。

① 小企业贷款担保计划（Small Firms Loan Guarantee Scheme，缩写为SFLGS）是由英国贸易与工业部出台的担保计划，为中小企业提供政府贷款担保。——译者注

表 5-6 普通股本总额

股东	出资金额（英镑）
詹姆斯 · 特伯特	69 000
布赖恩 · 弗莱彻	21 000
朱莉娅 · 沃驰曼	25 000
合计	115 000

使用额外资本的情况如表 5–7 所示。

表 5–7 额外资本

资本用途	金额（英镑）
工厂和机器	92 000
办公设备	12 000
个人电脑及软件	10 000
杂项启动成本	4 000
周转资金	62 000
合计	180 000

我们租赁了两辆汽车和一辆面包车。

财务预期

我们附上了一份贝尔特–布雷斯先生事务所为我们定制的财务商业模式，请见附录（本书略）。

在前 12 个月，我们的销售目标是出售 16 500 根球杆。基于这一点，我们第一年的利润表将如表 5–8 所示。

表 5-8 第一年的利润表 （单位：英镑）

项目	金额	金额
销售额		1 000 000
成本		
创建成本（房租、燃料等）	120 000	
董事薪酬	82 000	
办公及管理	54 000	
专业费用	30 000	0
广告及宣传	60 000	0
杂物及意外事故	20 000	0
未付利息	10 000	0
折旧	35 000	0
	411 000	0
工资及原材料	540 000	0
分包	100 000	
成本合计		1 462 000
年度净亏损		462 000

我们的目标是在第二年将销售和生产翻倍，营业额为每年 200 万英镑（33 500 根球杆）。我们的利润表应当如表 5-9 所示。

表 5-9 第二年的利润表 （单位：英镑）

项目	金额	金额
销售额		2 000 000
成本		
减去创建成本（房租、燃料等）	125 000	
董事薪酬	82 000	
办公及管理	60 000	
专业费用	20 000	
广告及宣传	90 000	
杂物及意外事故	20 000	
未付利息	4 000	
折旧	35 000	
工资及原材料	1 080 000	
分包	200 000	
成本合计		1 716 000
年度净利润		284 000

根据两位在职董事的聘用合同，詹姆斯·特伯特和布赖恩·弗莱彻有权在总净利润超过 40 000 英镑的情况下获得超过该金额 5% 的奖金。根据以上预测，他们第二年的奖金将为每人 12 200 英镑。

我们附上了以下附录（具体内容本书略）：

- 关于惯用左手的斯诺克球员的市场调查数据。

- 斯诺克球员协会的测试结果。
- 与加利加斯金和布利克斯有限公司签署的一年协议的复印件。
- 贝尔特-布雷斯先生事务所制作的财务预测。
- 每位董事的服务合同。

第六章

网络和你的商业计划书

网络是一种非常重要的商业工具。你需要进行充分的规划才能够利用它来创造优势和得到丰厚的回报。因此，你一定要将这些考虑纳入你的计划书中，事实上银行也想看到相关内容。

第五章强调了任何创办小企业的人都必须仔细考虑自己在生意中的角色，雇用他人承担什么角色，以及需要其他企业为自己做些什么。互联网是极具代表性的一个例子，其中的原因并不难理解。

在现存最早的著作当中，有一部分是原始的会计记录，已有6 000年的历史。2 000年前，诉讼与规划文件在罗马帝国和其他地方十分常见。几个世纪以来，我们已经学会了如何有效地做这些事情。如果你聘请了一位称职的会计师或初级律师（或是商业顾问），哪怕这个人的业务水平低于平均值，但几代人的经验也足以使你受益。互联网成为我们日常生活中的一部分还不足50年。每一年都有新的公司夸张地声称它们找到了一种使用互联网的新方式，能够给人们的生活带来翻天覆地的变化——很多情况下，它们是正确的。那些有着10年从业经验的顾问，显然在这些惊人的进步发生之前就停止了学术训练。而那些较为年轻的顾问，受到了和最新想法相关的训练，却没有足够的经验来有效利用任何知识。50年之后，我们会希望自己当初做出了不同的选择，这是我们必须接受的事实。

从好的一面来看，我们的所有竞争对手也同样会面对这个问题，如果我们犯的错误没有他们那么严重，我们就会拥有巨大的优势。小型企业在互联网方面会犯的代价最大的错误包括：

- 还不知道创建这个网站的目的是什么，它们就匆忙地掏钱做网站设计。
- 购买的网站设计方案使用了专利技术，在业务需求变化时只有网站设计师可以进行页面内容修改。
- 为避免犯以上两个错误，推迟有效利用互联网的时间。

在某些情况下（比如你的公司是一家基于产品的创意型公司），易贝（eBay）这样的拍卖网站就可以有效地帮助你试探市场情况。这是区分第四章和第十二章中提到的固定成本和可变成本的一个很好的范例。易贝按照你在网站上出售的产品项目数量收取佣金，因此你不需要支付一大笔启动资金。一旦你证明了你的产品有足够大的市场，足以支付创建自己的网站和电子商务平台的前期成本，你就可以预测在长期情况下，你需要多少销售量才能让易贝收取的佣金低于网站成本。

拍卖网站往往允许卖家在商品详情中附上他们自己的网站供竞买人阅览。所以，这种网站也是提升企业曝光率的一个好办法。在拍卖网站上销售产品时，请记住以下 5 个标准。

- 拍卖通常发生在很短的时间内，比如一个星期。这就意味着一周内必须至少有两个愿意按照大致的市场价格购买产品的人看到你的产品。（大约在有了第二高的出价后就可以出售了。）
- 产品价格必须足够高，足以包含包装和邮寄成本。
- 要有足够好的产品描述和产品图片，让竞买的人相信产品能够满足他们的需求。
- 列出的商品应当具有一定的典型性，能够代表你在网站上出售的产品，让感兴趣的竞买人觉得你的网站值得浏览。
- 你必须愿意比计划投入更多的时间、精力和资源来满足客户的需求，哪怕你认为这位客户蛮不讲理。这类网站的主要价值在于，它们承诺鼓励买家和卖家对彼此的行为进行评价。这类网站上的绝大部分销售额都是由那些评价近乎完美的卖家完成的，所以你要么成为他们中的一员，要么放弃在这类网站上销售产品。从另一方面来看，如果你得到了近乎完美的评价，那么你就可以在自己的销售网站中附上最近在拍卖的商品链接，让你的访客查看你的评级。

至于其他类型的电商网站，比如以亚马逊（Amazon）为代表的网站，其设计目的偏向于让各种公司在这个平台上销售类似的产品；而易特喜（Etsy）则是一个很好的创意商务平台。但同样的原则适用于不同类型的网站：各类网站各司其职，你的生意能借助它们的平台受益吗？

在易贝或亚马逊上的购物体验同传统的订单式购买的主要区别，仅仅在于步骤的顺序。几乎所有的书面订单都要求顾客先填写各种个人信息（比如信用卡号），然后才能够写下自己想要填写的内容。如果亚马逊或易贝也这样做，那么它们就会失去一半的业务。但它们的做法恰恰相反，先让消费者匿名浏览其网站。只有在消费者承诺想要购买某件商品时才需要提供个人信息。这是非常重要的一点：当潜在消费者初次进入你的网站时，他们的兴趣值可能非常低。在要求他们信任你之前，或是给他们任何负面信息之前，要确保他们对看到的东西感到兴奋。

亚马逊和易贝的设计目的都是为了将你与客户联系起来，这些客户积极寻找的产品正是你在售的商品。它们推出了一些新的服务，让那些它们认为会对你的产品感兴趣的人更好地看见你的广告。社交媒体是提升曝光率的绝佳工具，但是为你和你的业务选择合适的曝光平台十分重要。如果你出售的是专业服务，那么请你确保你的领英（LinkedIn）资料经过了润色，并且定期与其他用户和相关小组进行互动。如果你出售的是外观好看又具有创意性的产品，那么请确保你拥有活跃的品趣（Pinterest）和照片墙账号，发布大量高质量的照片和关键词，让那些随便看看的人发现你并且成为你的客户。如果你经营的是一家当地企业，比如咖啡厅或者酒吧，经常发推特（Twitter）并且关注一些当地的人和小组能够帮助你提升存在感。脸书和其他社交网站会分析人们的数据使用情况，并且向个人展示其最有可能点开的广告。通过脸书付费广告向你的目标社区宣传或许是一种相对便宜的方式。在你的商业计划书中，你需要包含社交媒体计划的概述，并说明你打算如何衡量它的成功率，这能够帮助你向投资者展示你对现代广告和购买习惯有一定的把握。

至于你自己的网站，有两个主要的选择比较合理。第一种选择是你可以使用网站搭建服务，比如方间（Square Space）或威布里（Weebly），也可以使用博文发布（WordPress）之类的博客平台，它们能够让你购买一个域名并且定制网站，使其看起来非常专业。这些服务平台通常可以提供额外付费的电子商务功能。第二种选择就是雇用网站设计公司或自由设计师来设计网站并且提供托管服务。这种选择更为昂贵且耗时，但是能够给予你更多个性化的自由选择。如果你的网站预算极少，还有一种办法就是联系当地的大学，看看有没有信息技术专业的学生，愿意以较少的酬劳帮助你搭建网站，借此获得工作经验。这是“自己努力完成一切”和“向顾问支付高额费用”之间的折中选择，非常具有吸引力。与学生（或者顾问）紧密合作能够让你在网站建成后自己进行维护。你越是愿意这样做，你就越能理解自己所做出的选择，结果自然也就会更好。

无论你是否仅涉足电子商务，能够访问综合的网站分析数据至关重要。以下是一些投资者期望你测算的基本指标：

- 每月的网站访问量（包括单次访问和重复访问数）。
- 网站流量来源（访客是通过搜索引擎、其他网站推介、社交媒体访问还是直接访问网站？）。

- 跳出率（有多少访客进入网站后立即退出了？）。
- 网站上功能最好的页面是哪些？
- 转化率（在你的网站上实际购买了产品的访客数占总访客数的比例）。

研究这些指标对你大有用处，能给予你宝贵的市场营销信息。如果每天都有数以百计的人访问你的网站，却没有人购买任何产品，那说明你需要改进网站。如果没有人访问你的网站，那么你需要提升它的曝光量，加入尽可能多的关键词，确保潜在买家在用搜索引擎搜索相关词汇时出现你的网站。在商业计划书中展示你对网站的选择背后的理解和逻辑依据，这样做能够帮助你向投资者表明你有一个具有战略性的、经过深思熟虑的网络形象。

首先，让我们来看看一个企业如何几乎完全依赖互联网启动业务（见案例 6.1）。

比起学校本身，彼得·斯普拉特（Peter Sprat）和弗兰克·诺克斯（Frank Knox）这两位年轻人更喜欢他们的课余爱好。彼得，现年 22 岁，会修理摩托车，并且逐渐学会了通过这一技能赚钱；弗兰克，现年 17 岁，与朋友一起从交易各种古玩和收藏品起家，后来发现了易贝。彼得让弗兰克定期借用摩托车，弗兰克帮助彼得从易贝和其他地方寻找摩托车配件，俩人因此成为非常好的朋友。

彼得的妈妈要求彼得自己出去住，而弗兰克则即将离开学校。俩人发现他们都需要将自己可以赚钱的爱好变成真正的生意。幸运的是，一个机会出现了。

<<< 案例 6.1 >>>

彼得·斯普拉特和弗兰克·诺克斯

我们是彼得·斯普拉特（现居威瑟斯普市斯普林黑文街 81 号）和弗兰克·诺克斯（现居威瑟斯普市布莱克斯通街 27 号）。在过去的几年里，我们一起在易贝及其他网站上购买和出售摩托车配件，同时也重装并出售经典款摩托车。考虑到弗兰克仍为在校学生，我们在分成上达成一致——按照 2∶1 的比例分配。因此，去年彼得和弗兰克分别从本公司在贵行的账户中提取了 16 800 英镑和 8 400 英镑。其中，12 800 英镑通过出售三辆摩托车获得，2 400 英镑来自易贝上的零件销售，10 000 英镑为通过电子邮件销售零件所得。弗兰克很快就要离开学校了，这之后我们的收益将按照 1∶1 的比例分配。

迄今为止，我们的生意在运营上还不够正式。但是下面的机会来得正是时候，它能让我们经营得更加专业。如果拥有合适的店址和专业的网站，我们都可以全职工作，那么我们应该至少能够每年赚取 132 200 英镑，这是最基本的，也是可持续的利润——请看下方。

萨姆·布莱特威尔（Sam Brightwell）先生经营多年的商店出售瑞典摩托车制造商帕斯托（Perstorp）的产品，全英国仅此一家。6 年前，法国的竞争对手收购了帕斯托摩托，并于近期宣布他们将停产这个品牌的摩托车。布莱特威尔先生想让我们买下他的商店，这样他就可以去西班牙享受退休生活了。他要价50 000英镑，包含所有存货。彼得的母亲同意抵押自己的房子，用以申请50 000英镑的贷款，贷款期为3年。弗兰克将筹集10 000英镑用作运营资本。

店 址

这家商店包含一个陈列室（能够展示23辆摩托车，并且放下一张销售台）和一个工作室（用以修理摩托车）。目前店铺里有一堆乱七八糟的零件和18辆旧帕斯托摩托车，都还能正常行驶。这些摩托车经过维修以后，能轻轻松松地至少以每辆6 000英镑的价格售出。根据我们以往的经验，修理每辆摩托车大约需要500英镑和一个月的时间。这18辆车所带来的利润足以支付未来两年的贷款。

而库存的零件十分混乱，我们不指望它们能有多少价值。如果能够慢慢将其售出，那么得到一笔可观的收入也不是什么太出乎意料的事情。

店铺的房租、税费和水电费等约为每年26 800英镑。

市 场

在过去的几年里，我们两人制定了一个策略，即在英国各地的摩托车拉力赛上展示我们重装的经典摩托车。往往有退休人员来问我们是否愿意出售这些车，他们看起来像是愿意支付我们提出的任何价格。很明显，他们在青少年时期买不起摩托车，成家之后买摩托又有些不妥。现在他们退休了，下定决心购买40年前渴望拥有的那款摩托车，要同一品牌、同一型号。正巧，帕斯托摩托车在三四十年前非常流行。我们之前的一辆帕斯托摩托车就曾以7 000英镑的高价售出。

关于我们

彼得和他寡居的母亲住在一起，弗兰克则和他的父母一起生活。两家的家长都同意让我们继续在家居住，直至我们还清贷款的那一天——只要我们在买下布莱特威尔的摩托车店后赶紧把零件及杂物从家里的车库搬走。彼得的父亲在一次工伤事故中丧生，他的母亲用赔偿金一次性买下了位于斯普林黑文街上的房子，该房产将用于为贷款提供担保。

计 划

我们将生意分为相关的两部分。首先，我们重装并且出售经典款摩托车，在这一方面我们遇到了三个限制：不再在父母车库中工作，有了自己的工作空间后，我们面临着亲自检查旧摩托车的能力限制，以及花时间在摩托车拉力赛上向顾客展示产品的时间限制，我们的网站作为一种销售手段，其有效程度还有待观察。我们已经卖出了一辆摩托车，那位顾客先是通过电子邮件向我们打听是否有他想要的那款车，然后我们约见于一场摩托车拉力赛。或许这将成为我们使用网站的主要方式——见到照片后就有购买摩托意愿的人，在感受到拉力赛的热烈氛围后，很可能愿意为此支付更多的钱。如果我们可以每年以每辆1 000英镑的价格收购10辆旧摩托车，修理成本为每辆500英镑，然后按照每辆6 000英镑的价格出售，那么每年的毛利润为45 000英镑。

其次，我们购入并出售摩托车配件，主要通过网络销售。由于易贝拍卖仅持续一周，畅销商品往往是那些市场较大的产品，而我们专注于出售那些难以寻找的产品，易贝于我们而言难以带来直接利润。于是我们借助易贝允许的链接功能，以摩托车零件这个名称在平台上交易，成功地创建了电子邮件询价渠道。这比易贝销售本身更有利可图。我们已经获取了域名www.cycle.parts.co.uk，现在正在与三家网站设计公司商讨建立电子商务网站事宜。弗兰克正忙于学习如何在不同的平台列出我们的库存，这样我们就能选出最符合我们需求的那个平台了。整理并在新网站上列出所有布莱特威尔的现有库存是一项艰巨的任务，但是最终应当能给我们带来丰厚的利润。我们预计，初期销量激增结束后，该网站至少能够让我们的销量翻10倍，毛利润不变，每年将盈利124 000英镑。我们相信，如果在易贝上的生意耗时较多，付出的时间与利润无法平衡，我们可以借助易贝客户给我们打出的高分（99.8%的客户都给了我们好评）启动零件销售

> 业务。销售零件创造的每小时收益高于摩托车销售收益。我们相信这样做可以提升我们的曝光率，但我们也不能忘记声明——我们做这一行源于心底的热爱。这些预测中不包含任何国际业务。我们在过去的几年里通过易贝收到了8份海外询价。当时我们明显还是小生意，没有自己的网站，有多少潜在海外客户看到这点后就开始迟疑？如果我们看起来规模大一些，是不是就能吸引到更多海外客户？我们无法预测这些问题的答案。考虑到帕斯托零件难以寻找，在易贝上出售它们还是可以吸引到海外客户的注意力的。
>
> 通过销售摩托车，我们每年能获得毛利润45 000英镑，加上零件销售获利124 000英镑，减去店铺场地成本26 800英镑和网站成本10 000英镑（网站设计公司承诺最多不超过这个数），我们预测的总利润为每年132 200英镑。

现在，让我们一起来看一下互联网如何改变了前几章提到的几个公司。

小型企业

案例3.1　亚历山大·巴特斯比和案例3.2 尼古拉·格兰特

这两家企业不仅仅收益很少，而且能够触及的地理范围也非常小。如果亚历山大收到一份来自澳大利亚的订单，他会觉得这是令人讨厌的恶作剧。如果尼古拉的存货（假设她做了小店主）不是杂货的话，从网上订购再发货更合乎经济常理。

当地企业可以向类似于自由指数（Freeindex.co.uk）之类的中心网站提供自己的信息。这类网站往往由当地政府、商会或不同的社区组织运营。最有用的那些网站鼓励消费者就订阅企业的服务情况提供反馈。顾客毫无理由地批评你的工作，这或许会让你感到不适，但是当你开始一项生意，客户或好或坏的评价就是你必须面对的。顾客的反馈对你来讲非常宝贵：它能够帮助你避免让将来的客户感到不满。

在这类网站上刷虚假反馈是一个非常不好的主意。网站维护机构开发了不同的方式来发现并惩罚这类行为。不仅如此，税务机关会追查相关税务问题，它们越来越重视这类违法行为。由于没有为捏造的收入交税而入狱，那多丢人呀！

对于地方企业来讲，当地的企业名录是迄今为止最具成本效益的互联网广告形式。大多数这样的平台允许你在它们的网站中建立自己的网页，或是附上你自己的网页链接。无论哪种方式，请确保你的客户可以毫不费力地发现以下两点。

- 你提供什么样的产品或者服务。
- 如何找到你。对于亚历山大来说，顾客主要通过电话联系，因此要写上有人接听的电话号码；对于妮可（尼古拉）来讲，顾客需要通过附近的地图和店铺地址来找到商店，因此她要附上地图的网页链接和详细地址。两个案例都需要写上电子邮件地址，并且要确保邮箱地址没有拼写错误等问题。

虽然一些网站的建设成本颇为高昂，却让潜在客户浏览时摸不着头脑，他们不知道这个企业是否提供自己需要的产品，也不知道如何联系并询问卖家。这一现象让我们感到非常惊讶。在这种情况下，99% 的潜在客户往往会直接回到搜索引擎寻找其他供应商。

你应该在自己的商业计划书中清楚地写明这种问题已经得到了充分的考虑，并且不存在这种情况。亚历山大或许会写："我的叔叔没有在网上宣传自己。本地商会正在积极推广自己的网站，消费者可以通过这个网站寻找本地供应商。商会免费帮助我加入它们的会员名单，并且免去了一年的费用（前提是我加入商会）。这看起来像是一个没有风险的提议，即使收效甚微，我仍可以学到一些网上推销自己的方法。同时需要注意的是，附件中的现金流预测表不包含任何来自网上的业务。"这样就能够清楚地表明亚历山大并没有依赖自己不懂的销售方式，但他很愿意去学习新方法。

案例 4.1　罗伯特·赫里克和迪尔德丽·威廉斯

哪怕奥尔敦电器用品有限公司已是一个中等规模的零售商，但它所能够触及的地理范围也非常有限。它显然想拥有独属于自己的域名，不过，来自当地政府或商业主管部门的链接也非常重要。一些明显有效的宣传自己的网站和电子邮件的方法仍被人们忽视，这些常见的方法包括如下 4 种。

- 把网址印在商店玻璃或外墙上。
- 把网址和电子邮件地址印在所有的收据和发票上。
- 把网址和电子邮件地址印在所有的推销印刷品上。
- 把网址和电话号码作为签名的一部分写在所有发出的电子邮件中。

网站本身应当包含如下 4 方面的内容或信息。

- 地图网站的链接，帮助你的顾客找到前往店址的路线。如果你的顾客在前往店铺的路上迷路了，而他又恰好经过了竞争对手的店铺，那你一定会丢掉一单生意，甚至可能永远失去一位顾客。
- 一份全面的结构化清单，包含所有的存货。如果网站可以将存货的状态自动调整为脱销就更好了，但是这实际上没有看起来那么重要。
- 供应商产品线的网址链接，并标明“可订购”。通常来讲，你的供应商也希望能够帮助你，以便它们的产品在你的店铺中销售量有所提升。因此，它们应当愿意投入精力制作产品信息，这不仅仅对它们自己有利，对你也一样。这种做法的好处超越了销售产生的利润：如果有几个客户订购了相同的产品，恰好你没有库存，那么你就应该开始进货了。
- 一份订单表格，那样你就可以按照表格提前包装好顾客订购的商品。在顾客到店时，你可以随时将货物放到对方的车内。永远不要低估顾客对于便捷度的诉求。我曾经惊讶地看到一家商店允许顾客开车到店内、停车，在车上选好啤酒和其他需要的派对用品后，店内员工就将顾客选择的商品放入其车内。这样哪怕要支付额外费用，外面也仍然有很多顾客排着长队。

案例 4.2　奥斯伯特·威尔金森

这也是一家当地企业，将网址收入当地企业名录非常重要。设法让餐厅被收录到卫星导航或全球定位系统（GPS）中，这可以为生意带来很大的成效。

只有极少数的餐厅拥有易于寻找的网站，并在网站上列出了菜单，提供了店铺的地图链接或者允许客户在线预订。这些功能带来的利润看起来非常可观。你可以向顾客提供一个点餐折扣（在用餐结束时送上一杯免费咖啡可能就是一个不错的“折扣”），毕竟提前预订，从而给店主预留出充足的时间，能够让店主调整他们的采购量。“特殊”菜单仅在线可点，能够帮助店主在市场上测试新想法。给顾客发送电子邮件确认预定的用餐时间，能够让顾客将时间自动添加到日历中，从而减少爽约的情况。要确保顾客可以将这封邮件转发给他的宾客，让他们也可以更新日历，如果还能够在线点菜，那将会进一步提升效益。

案例 5.1　马库斯·加赛德

在本书的所有案例中，马库斯对网站的需求最小。如果是为自己的发明寻找潜在买家，那么互联网能够发挥巨大的作用。即便如此，他自己只需要一个电子邮箱地址并在电脑中准备好照片和技术信息等材料，这样他随时都可以将材料附在电子邮件中。

案例 5.2 罗斯玛丽·兰布勒和缪丽尔·汤克斯

相比之下，罗斯玛丽和缪丽尔应该在互联网方面狠下功夫，创建她们能力范围内最好的网站，并且想办法让网站曝光率越高越好。英国国内任何地方的订单，她们都乐于接受。不仅如此，现在运输费很低，她们向欧洲大部分地区发货都非常划算。她们应当通过标注按英镑计算的价格和按欧元计算的价格来暗示她们的公司可以向欧洲大陆发货。商业道德观上的不同暂且不提，考虑到国际债务也比国内债务更难收回，国际订单应该仅接受款到发货。

她们的网站应该比印出来的销售手册包含更多的信息。毕竟商家向不同的顾客派发的都是同样的宣传手册，当然，商家对此或许的确没有其他合理的替代方案。阅读宣传手册时，顾客往往只是随意浏览一下内容，如果遇见不理解的信息，那些比她们年龄大很多的顾客就可能会失去兴趣。相比之下，网站的结构更加清晰，顾客可以只浏览适用于自己的信息。

例如，大型企业很可能想要在许多不同的店址放置同样的雕塑，将其作为公司标志。如果罗斯玛丽愿意设计这样的雕塑，那么网站上应当清楚地说明这一点，并且附上条款信息。而那些只想购买单尊雕塑的买家并不需要看这些具体信息，他们看到的内容应该仅限于链接上的“大批订货”几个字（放在首页），而通常情况下他们会直接略过这个链接。

案例 5.3　詹姆斯·特伯特、布赖恩·弗莱彻和朱莉娅·沃驰曼

这个团队决定在起步阶段专门为一家经销商供货。如果该经销商的客户发现自己的供应商正在为自己的竞争对手宣传产品，一定会觉得这有损契约精神。所以在独家经销权解除之前，公司都不适宜建立和运营网站。一旦这段时期结束，这些人的情况和上一个案例非常相似，其中的一些想法同样适用。

从独家经销转至直接向斯诺克球员出售单支球杆，一定会产生一些冲突。之前的经销商会抱怨你直接销售是在抢他们的生意，当你指出客户拿到的折扣已经很大了且转售足以获利后，他们又会指责你为了高利润的小订单而推迟他们的订单。他们说的话不无道理——只要你的物流跟得上，你当然会优先处理那些利润最高的订单。你需要指出的是，你有意让物流部门的规模（略微）小于最佳规模，只是为了确保有多余的产量来填补大订单。

第七章

企业扩张

很明显，一家现有的企业寻求扩张资助，要比创业融资简单得多。而筹资挽救一家濒临破产的公司，难度至少和创业融资一样高。本章讨论的内容是那些前景明朗的公司如何谋划业务的扩张。

有三个很好的原因可以清楚地解释为什么扩张融资比创业融资更容易一些：

- 你的产品已经有了一定的市场，或者是你的服务已经示范过了。
- 你和团队已经证明了你们有能力运营一家企业，至少目前为止是这样的。
- 企业已经可以赢利。

还有一个优势就是你拥有一手的管理运营经验，得以了解你的企业，知道正在发生什么，有什么问题以及有什么实际的可能性。如果你能够清楚地展示你的扩张计划，那么这一优势就会非常明显，可以提升你的自信。

撰写企业扩张计划书时，你当然要先从一段简短的企业历史开始，包括企业完成了什么，正在做什么，面对并克服了什么困难，现阶段有什么问题需要解决，有哪些机会可以抓住，有哪些方面需要资助。过去几年的营业额和利润表中要提到附件一（本书略）里的完整账户和资产负债表。

虽然你已经证明了公司拥有可观的市场份额，可你仍然需要让投资者相信产品的市场空间足够吸纳扩张后的产量，或是你希望涉足的新市场愿意接受你的产品或服务。你一直在听取顾客的意见反馈，并持续对市场进行调查和探索，因此这点于你而言应该不会太难。

管理部分则是另一回事了。当你在写第一份商业计划书或是创业计划书时，你必须把自己当作经理，推销自己，个人信息很重要。现在你已经证明了自己能够管理好目前规模的企业。然而，假设你需要资金来大幅度提高产能，那么在对方眼里，你的企业将迈入一个新的阶段，旧规律和旧方法很可能不再适用，必须有所改变。

比如，到目前为止，如果碰上生产危机，你可以通知员工加班，然后把自己的外套脱下并坐在工作台前通过自己的努力解决问题。倘若下一周的订单量不理想，早上打几通电话可能就足以创造奇迹。或者，假设你的企业急需资金，你可以在未来的一两周减少自己取款的数额，推迟支付不固定花销，或是打电话给一个大债务人，哄着对方让其还给自己一笔钱。随着你的企业越做越大，这种“危机管理”方式就无法像之前一样奏效了。

你应该还记得，第五章提到了一个观点：只有非凡的天才才能够一直事无巨细地管理具有一定规模的企业。如果按部就班地发展，你的企业可能无法达到那样的规模。或许雇用一位能够胜任的领班，引入良好的企业管理系统或者得到当地企业代理机构的支持能够在你需要时助你渡过难关。你虽然并不需要建立一个事无巨细的管理系统，但在某些情况下，比如公司的主要领导的脾气不是太好，合理的管理控制是有必要的，本书含有这类案例。

然而经验也确实表明，当企业需要大量的新资金用以扩张时，它需要改变管理风格，加入新的管理技能。一些风险投资公司甚至坚持向它们投资的企业介绍自己的管理技能，这其中十有八九包含财务管理技能。管理系统非常重要，值得你花时间和精力来说服阅读商业计划书的人，让他们相信你认识到了问题，并且拥有一个有效且平衡的管理策略。

在筹集扩张资金时，你的商业计划书中还有其他两个需要特别注意的地方。本书的引言部分提到了 4 种在如今竞争激烈的世界里取得成功的方法：

- 创新。
- 产品或服务的价格更加便宜。
- 服务更加可靠。
- 产品质量更高。

扩张意味着走出去，希望能够进入更大的池塘，抓住更大的鱼。在这种情况下，从上面几项做出选择变得更加重要。在撰写计划书时，你必须清楚自己选择了哪种或是哪几种策略，并表明你明白自己的决定将带来怎样的管理后果。比如，如果“创新”是你的选择，那么为了保持进步，你投入企业的大部分资金应当用在研发上。

如果你选择了“产品或服务的价格更加便宜”的行动方针（这对小企业来讲可能非常危险），你的运营管理就必须能够将支出最小化，让边际成本越低越好。

“服务更加可靠”牵扯到了高管层对一些细节的关注程度，比如送货日期，售后访问消费者或客户，以及有相对较高的经费支出和利润率的财务制度。

“产品质量更高”会迫使你努力提升设计的创新程度，并且按照最严格的标准进行质量管理。要确保商业计划书中的“策略”或“长远目标”部分可以显示你的战略和管理能够与总体策略协调一致。

在商业计划书中，你还需要特别注意筹款用途这一部分。申请数额要足够大，要比你预想的所需数额更大。你或许听说过这个故事：贷款人向一位银行经理申请 30 000 英镑贷款，这位银行经理习惯性地提供了 20 000 英镑（当然是在有担保的情况下）；之后，当这位贷款人因缺乏足够的资金而生意失败时，银行经理却祝贺自己阻止了贷款人多损失 10 000 英镑！希望这样的银行经理已经绝迹了。不过你最好确保自己不会出现资金不足的情况。一定要申请足够多的钱，因为你可能会碰上无法预见的危机，此时就需要资金救急。如果对方提供的资金不足，不要害怕拒绝他！

融资部分对于你的贷款人来讲特别重要，他们在这部分可以了解到自己将如何受益。你或许可以通过企业投资计划和其他类似项目或机构筹集股本。投资者信任你并将钱投入你的企业，你必须在这一部分解释清楚你将如何给对方带来回报。

以下三个例子可以充分阐释本章观点：第一个案例非常简单，申请资金用以扩大运河码头，不涉及市场营销或管理问题；第二个案例来自一家虚构的科技公司，试图筹款制造一种虚构产品，这个案例主要用以说明商业方面的问题和处理方法；第三个案例则展示了扩张可以暴露管理方面的缺陷，需要采取正确且积极的措施来克服它们。

与码头相关的案例包含了两份简单的现金流预测表，这种预测可以由企业业主自己完成。在高科技制造商的案例中，财务模型和预测可以由专业会计师完成。这个案例着重展示组织的问题，而不是利润和现金流方面的财务预测问题。

第三个案例中的公司需要彻底重新规划，不过只是财务背景方面。当然，合理的资本化是必不可少的，但是运作良好的管理设置几乎同样重要。在大多数行业中，特别是在体育界，一队互相欣赏的普通人能够战胜一队争吵不休、组织混乱的天才。

<<< 案例 7.1 >>>

约翰 · S. 布鲁克

瓦格巴奇码头有限公司（Wagbatch Marina Ltd）正在寻求 50 000 英镑的贷款，用以资助瓦格巴奇在达夫和德文特运河（Dove and Derwent Canal）上的码头二期项目。

历 史

我，约翰 · S.布鲁克（John S. Brook），在前一段时间继承了 20 英亩（约合 80 937 平方米）的土地，毗邻达夫和德文特运河。大都市工程股份有限公司（Megapolitan Engineering Company PLC）在 2009 年闲置了这片土地。我用 40 000 英镑的多余资金组建了一家公司，挖掘并开发了一座有45个泊位的运河码头，于2010年夏末竣工。通过这个工程，公司能够让30艘船在此停泊过冬。2012年夏天，整个码头没有余位，2012—2017年一直如此。

公司还向船主（及其他人员）提供卡洛尔（Carlor）天然气服务，在夏季会开一家小店为往来的贸易商提供一些商品。

正如所附账目（附件一，本书略）所示，截至2012年9月，第一年收取的停泊费共计30 000英镑，汽油销售额为2 174英镑，店铺销售额为7 926英镑。公司支付完所有费用后，利润共计2 034英镑。

市　场

过去几年里，在英国运河及航道上乘船观光的热度以每年5%的速度持续上升，并且没有下降的迹象，无论是使用传统的7英尺（约合2.13米）大艇还是小型游艇。在热心志愿者和英国航道委员会（British Waterways Board）的共同努力下，越来越多的废弃运河经改造后重新投入使用。伴随着水上船只数量的增加，对运河附近的永久泊位的需求超过了现有泊位数量。我们公司常常不得不拒绝停泊申请。

我们公司对其他设施的需求也在不断增加，比如运河畔购物（面向夏季游艇用户开放）以及卡洛尔天然气（在较冷月份的需求量更高)。公司考虑过为船只提供柴油燃料，但是目前还不能完全确定其盈利能力。

销售和服务

公司以半年为期签署合同，根据船只长度，泊位使用费收取标准为1.30英镑/英尺/月，包含增值税。船只长度大约为24~70英尺（约7.3~21.3米），平均长度为30英尺（即9.144米)。也就是说，平均每艘船每年需要支付468英镑（含增值税)。

公司与英国航道委员会达成了一项协议，即每年替英国航道委员会向船主收取牌照费，交给委员会后能够得到收费总额的5%。其他收入来源则是出售卡洛尔天然气和其他商品获得的利润。

为了获得运河的使用权，公司每年向英国航道委员会交纳租金9 000英镑。

公司将要做什么

公司将对现有码头进行挖掘并且用混凝土加以扩建。这项工作较为简单，因为运河本身的高度比需要挖掘的区域的高度平均高3英尺（即0.914米)，不需要再添加码头。

公司与赖利承建商（Reilly Contractors）签订了临时合同，对方将提供土方设备、模板以及劳动力，我方将提供材料。蓝图由C.雷恩建筑师事务所（C.Wren and Associates）的建筑师设计制作，并由地方当局批准。希望这项工作能够在9月完成，以赶上10月开始的冬季向外出租。

预计公司每年获得的额外租金大约在20 000英镑左右，包含增值税。由于出租这些泊位每年带来的额外成本较小，每年利润的增长额将接近这个额外租金数额。

长远计划

我创建这个企业的目的是为了自己在半退休和之后几年里有长期收入。我计划将码头扩建至100个泊位，也打算出租部分土地给一个船舶维修厂。经营维修厂的人正在和农村发展委员会（Rural Development Commission）沟通，商讨财务及其他方面的支持措施。最终我将出租店铺，也可能转让卡洛尔天然气销售业务。

希望当我到了正常退休的年龄时，能够完成这一切。我应该会有50 000英镑的租赁收入。现金流预测请参阅表7–1和表7–2。

从表中可以看到，第一年除去资本支出，公司有可能得到超过12 000英镑的现金盈余（44 000—32 000英镑）。在之后的一年里，当扩建带来的额外收益开始到账时，现金盈余将增长至40 000英镑。

在这两年期间，我不需要为了自己的生活而从企业中抽取资金，因为目前我有其他收入来源。

表 7-1 约翰·S. 布鲁克第一年的现金流预测 （单位：英镑，泊位数除外）

项目	月份												合计
	10月	11月	12月	1月	2月	3月	4月	5月	6月	7月	8月	9月	
泊位数（个）	4	35	4	2	0	0	2	37	5	1	0	0	
停泊费		1 100	9 624	1 100	550	0	0	550	10 175	1 375	275	0	24 749
牌照费	200	200	0	0	200	260	260	260	260	260	260	200	2 360
销售额（天然气）	204	378	394	426	368	450	420	380	180	40	40	200	3 480
销售额（商店）	0	0	0	0	0	0	510	1 430	1 532	2 554	3 576	1 430	11 032
总收入	404	1 678	10 018	1 526	1 118	710	1 190	2 620	12 147	4 229	4 151	1 830	41 621
牌照	0	190	190	0	0	190	248	248	248	248	248	248	2 058
支出（天然气）	170	322	334	362	312	382	358	324	154	34	34	170	2 956
支出（商店）	0	0	0	0	0	0	920	1 112	1 532	2 298	1 878	538	8 278
租金（英国航道委员会）			2 250			2 250			2 250			2 250	9 000
房地产税	100	100	100	100			104	104	104	104	104	104	1 024
保险	250												250
维修费								306	306	306			918

（续表）

项目	月份												合计
	10月	11月	12月	1月	2月	3月	4月	5月	6月	7月	8月	9月	
专业人员费用						1 410							1410
利息			164			62			156				382
资本偿还									2 350	14 100	14 100	14 100	44 650
应付增值税	54			1724			430			862			3 088
总支出	574	612	3 038	2 204	312	4 294	2 060	2 094	7 100	17 952	16 364	17 410	74 014
现金流	−170	1 066	6 980	−678	806	−3 584	−870	526	5 047	−13 723	−12 213	−15 580	−32 393
起始账户余额	−6 430	−6 600	−5 534	1 446	768	1 574	−2 010	−2 880	−2 354	2 692	−11 030	−23 244	
最终账户余额	−6 600	−5 534	1 446	768	1 574	−2 010	−2 880	−2 354	2 692	−11 030	−23 244	−38 824	

表 7–2 约翰·S. 布鲁克第二年的现金流预测（单位：英镑，泊位数除外）

项目	月份												合计
	10 月	11 月	12 月	1 月	2 月	3 月	4 月	5 月	6 月	7 月	8 月	9 月	
泊位数（个）	20	53	15	7	0	0	20	53	15	7	0	0	190
停泊费	0	5 500	14 575	4 125	1 924	0	0	5 500	14 575	4 125	1 924	0	52 248
牌照费	400	400	0	0	380	500	500	500	520	500	480	380	4 560
销售额（天然气）	400	600	700	750	700	850	850	700	350	100	40	200	6 240
销售额（商店）	0	0	0	0	0	0	720	1 800	1 900	3 000	5 200	2 000	14 620
总收入	800	6 500	15 275	4 875	3 004	1 350	2 070	8 500	17 345	7 725	7 644	2 580	77 668
牌照	0	190	190	0	0	190	248	248	248	248	248	248	2 058
支出（天然气）	170	510	596	638	596	722	722	596	298	86	34	170	5 138
支出（商店）	0	0	0	0	0	0	1 200	1 360	1 800	2 900	2 650	750	10 660
租金（英国航道委员会）			2 250			2 250			2 250			2 250	9 000
房地产税	104	104	104	104			110	110	110	110	110	110	1 076

（续表）

项目	月份												合计
	10 月	11 月	12 月	1 月	2 月	3 月	4 月	5 月	6 月	7 月	8 月	9 月	
保险	500												500
维修费							500	500	500				1 500
专业人员费用						1 380							1 380
利息			1 232			920			1 000			470	3 622
资本偿还	2 300												2 300
应付增值税	−4 484			2 900			1 244			2 622			2 282
总支出	−1 410	804	4 372	3 642	596	5 462	4 024	2 814	6 206	5 966	3 042	3 998	39 516
现金流	2 210	5 696	10 903	1 233	2 408	−4 112	−1 954	5 686	11 139	1 759	4 602	−1 418	38 152
起始账户余额	−38 824	-36 614	−30 918	−20 015	−18 782	−16 374	−20 486	−22 440	−16 754	−5 615	−3 856	−746	
最终账户余额	−36 614	−30 918	−20 015	−18 782	−16 374	−20 486	−22 440	−16 754	−5 615	−3 856	−746	−672	

<<< 案例 7.2 >>>

肯尼斯·杰克逊·艾伦和安东尼·凯文·斯普纳

请注意：下面的案例不是用来描述一个可行的技术方案，而是为了说明如何计划和展示这类方案。

布拉德菲尔德构造有限公司

布拉德菲尔德构造有限公司（Bradfield Tectonics Ltd）正在寻求进一步投资，期望金额为200 000英镑，用以扩大地震探测器的生产。

历 史

布拉德菲尔德构造有限公司成立于2013年，启动股本1 000股，每股2英镑。其中，公司总经理肯尼斯·杰克逊·艾伦（Kenneth Jackson Allen，剑桥大学硕士、帝国理工大学博士）持有900股，另有100股属于布拉德菲尔德大学地球物理学院的布思威（Boothaway）教授。

公司致力于开发一款改进版的地震探测器，由布思威教授全程指导。他在达夫顿（Duffton）断层以及之后更为活跃的圣伊莎贝尔（Santa Isabel）断层的地区地质特征研究方面的工作尤为著名。他对这个领域的研究促使他发明一个更灵敏的地震探测器，如果可能的话，最好这个地震探测器还有一定的定向能力。

布思威教授向时任卡尔德伍德大学（Calderwood University）

科学测量仪器研究课题讲师的艾伦博士提起了这个问题并提出了解决方案，他们随后于2013年成立了这家公司以开发该项目并生产相关仪器。

关于第一年的研发工作资金，一部分由艾伦博士资助，一部分来自一项政府研究补助金，剩余部分则由布拉德菲尔德大学资助。艾伦博士出资20 000英镑，可在任何时间以面值折算成公司的普通股。布拉德菲尔德大学则可以在2020年12月31日之前的任意时间认购该公司20%的普通股份，以股票面值或者净资产值为准，选取其中数额更大的。

附录A（本书略）是一份两年账目，截至2015年9月30日。由于第一年没有投入生产，账目显示首年亏损18 474英镑。第二年生产了6台仪器，全部按出厂价格每台64 000英镑售出（均为出口），产生的净利润仅为1 578英镑，较为微薄。工作人员包括艾伦博士本人、一名电子生产工程师和两名工人（其中一名工人技术娴熟，另一名工人较为娴熟）。公司专注于装配和质量保证，零件和子组件依靠分包商提供。

附录B（本书略）附上布思威教授提出的该设备所涉及的地球物理方面的原则，以及一些相关的技术性问题的说明。

市　场

2015年10月1日，公司拿到了一个大订单，对方订购了10台仪器，并且确定未来将继续订购12台。在与公司的供应商和培训项目组进行协商后，公司拟定好了提升产能的措施并已开始按步骤实施。当时市场形势已发生了转变，因为一名来自中国的教授在2015年9月于雅加达（Djakarta）举办的国际地震学会会议上宣读了一篇论文，主题为“地球小规模活动的预测用途”。该论文展示了如何利用地球的小规模活动分析来预测里氏5.0级及以上的地震，前提是数据中的等级和地点要足够精确。布拉德菲尔德构造有限公司生产的仪器正是目前市场上唯一能够达到这种精准度的仪器。

布思威教授拜访了日本和美国加利福尼亚州政府，拿到了购买80台该仪器的意向订单。世界上所有地震频发的地区对该产品产生了很大的需求，并且需求量在不断增加，这让董事们感到十分欣慰。

董事会

总经理肯尼斯·杰克逊·艾伦博士于2001年在剑桥大学（Cambridge University）获得了一等荣誉学位，于2003年获得了帝国理工学院（Imperial College London）的研究博士学位。2003—2012年，艾伦博士供职于法拉第电器股份有限公司（Faraday Electric PLC），最终成为仪器部门的营销经理。2012年，他得到了卡尔德伍德大学的录用通知，成了教授科学仪器学的大学讲师。2013年，他辞去了讲师职务，创立了布拉德菲尔德构造有限公司。

安东尼·凯文·斯普纳（Anthony Kevin Spooner），理科学士（伦敦），他持有物理学学位，还是电气工程师协会（Institute of Electrical Engineers）的成员，曾是艾伦博士在法拉第电器股份有限公司的下属同事。安东尼在2011年接受了超声波仪器公司（Supersonic Instruments Inc）的聘请，于2013年成为该公司位于美国俄亥俄州哥伦布市（Columbus, Ohio）的工厂的生产经理。新产品带来的挑战诱使他回到了英国。他与超声波公司的合同将在两个月内到期，之后将担任布拉德菲尔德构造公司的生产总监一职。

公司的会计为史密斯（Smith）、布罗德斯基（Brodsky）和图尔（Toole），通信地址为布拉德菲尔德市洛马斯街6号。

公司代理律师为法菲尔德合伙事务所（Fifield and Partners），通信地址为布拉德菲尔德市塞普克尔钱伯斯（Sepulchre Chambers）。

产　品

附录C（本书略）包含了产品及其技术规格的完整描述。本质上来讲，仪器包含了三个高度敏感的地球震颤探测器，放置在大约相距500米的位置，由电缆连接。三个探测器中，有一个主要探测器，配备了足够的微芯片软件来关联所有探测器的数据，并且通过三角测量来定位震动的中心。

我们的仪器目前放置在居住区附近，但是放置在非常偏远的位置也是可行的。我们正在与大学合作，开发两个系统：提供必要电力的太阳能电池系统和连接各个探测器和中央组织的互联网及移动电话通信系统。我们正在为这个研发项目编制成本预算。

短期政策

到目前为止，生产工作主要在一个小型工场进行。该工场受到了由布拉德菲尔德市议会（Bradfield City Council）运营的保护工场计划（Sheltered Workshop Scheme）的支持。公司现状证明了工场空间完全不够用，为此公司已经做出了安排——在位于威瑟斯普市的事业房产（Enterprise Estate）租下了一座工厂。

工作人员的招聘和培训至关重要。目前雇用的生产工程师比较年轻、经验有限，但是他具备很高的工作热情和能力。公司计划送他去参加培训，提拔他为装配车间经理。公司还需要4名生产工人，他们入职后均将接受公司培训，我们正在与郡议会商讨培训补助金事宜。

下一个问题是招聘服务工程师。本公司为每一位客户提供维修合同。由于涉及差旅成本，维修费用注定较为昂贵。因此，公司在成本计算上留有大量余地，以涵盖售后服务和突发事件。这些款项将记入“维修及服务储备金”，所有服务费和故障申索费中超过收取的维修费的部分，将从这笔储备金中扣除。到目前为止，艾伦博士本人进行了一些小型维修工作，并拜访了一些潜在客户。我们正在招聘和培训两位愿意出差的服务工程师，他们将负责未来的相关工作。

此外，我们还将聘请一位特许会计师或注册会计师负责财务方面的工作。我们购置了一台个人电脑，用以管理客户及潜在客户的数据库，并且记录销售量及每台仪器运作情况方面的所有相关信息。

长期战略

目前我们基本上是一家单一产品的公司。市场的突然开放意味着我们的政策必须能够在短期内充分利用这个机会。公司的生产计划和市场营销活动都不得不提前做出安排，以便预估目前对于资本的需求。

布拉德菲尔德构造有限公司与布拉德菲尔德大学地球物理学院有着密切的关系。从长远来看，公司的目标是成为研究型企业。公司将专门研发和生产仪器，我们设想未来至少将营业额的10%用于研发工作。

财务考量

艾伦博士和布思威教授将进一步共同认购290 000英镑的普

通股，按比例分配给他们现有的股份。安东尼·斯普纳已同意为本公司投资 50 000 英镑，并获得 25% 的股份，也就是按照每股 5 英镑的价格获得 1 万股。因此，股本将如表 7–3 所示。

表 7–3 布拉德菲尔德构造有限公司的股本结构

股东	股数（股）	金额（英镑）
艾伦博士	27 000	54 000
布思威教授	3 000	6 000
安东尼·斯普纳	10 000	20 000
股份溢价		30 000
股东资金		110 000

注：公司正在进一步寻求长期融资 200 000 英镑，贷款、可转换贷款股票或贷款和股本混合的三种方式均可。

额外资金的使用方式将如表 7–4 所示。

表 7–4 额外资金的使用方式

资金用途	金额（英镑）
额外租赁费用	40 000
机械及试验设备	100 000
办公用品及电脑	30 000
汽车	40 000
营运资本	98 000
急需研究费用	60 000
合计	368 000

艾伦博士和安东尼·斯普纳每年将领取薪金50 000英镑，加上服务协议草案中所列出的利润奖金和股票期权奖金，详见附录D（本书略）。

附录E（本书略）中包含利润表、现金流表和资产负债预测表。

<<< 案例 7.3 >>>

乔治·韦斯顿

乔治·韦斯顿（George Weston）有着一张圆圆的、粉扑扑的脸，脸上始终写满温厚和善良。他从来不眯着眼睛看人，也未有过不耐烦的姿态。这一切都有助于他成为一名一流的推销员。他也很了解自己的专业，接受过全面且扎实的电子工程师培训。他非常好地吸收了这些知识，能够向任何人推销他的技术。对于专家来说，他很有说服力；对于那些签字付款的人来讲，他可以恰到好处地用专业术语清楚地说明自己的意图，而不会让顾客感到自己很无知。

伦纳德（Leonard）——乔治的第一位合伙人则是另外一种类型。在伦纳德的脑子里，技术术语和工程计算逐渐代替了英语，他不愿和任何不懂这些专业知识的人交谈。他是一位非常有才华的设计工程师，但是脾气有点儿不好。任何与这类人相处过的人一定能够明白和伦纳德打交道是多么地困难。

乔治觉得可以出售一种放在扩音设备上的改进版扬声器，用一个更加现代的扬声器来取代仍在使用的老款式。事实上，听力不好的老年人往往听不到低音前面的高音，因此使用老式扬声器时，他们无法听到个别辅音。乔治找到了一位专家来解决这个问题，这个人正是伦纳德。于是，他们一起找到了解决方法。乔治开始出售第一版新系统，他和伦纳德雇用了一位熟练的机械师比尔·巴蒂（Bill Batty）来制作实际产品。

比尔·巴蒂已经过了学徒期，成了一名非常熟练的“手艺人”。他非常善于随机应变和处理危机。但是，他从来没有负责过工厂工作，在管理方面也不是十分有条理；也常常出现未能及时订购零件等失误，他无法保证工作有条不紊地按运营流程进行，有时问题甚至更严重。他试着用自己超人般的努力来弥补这些不足。不用说大家也能想得到，他和伦纳德总是在起冲突。

想象力丰富的设计工程师永远不会感到满足，伦纳德也如此。他一直在做改进，没有一份最终设计能够得到他的认可。他在为自己的构想焦头烂额并坚持要再做一个“更加重要”的修改时，资金在不断地流失。最后，乔治再也无法忍受了，他和伦纳德大吵了一架，提出要买下伦纳德所有的股份。伦纳德觉得这是他自己的发明，拼命地想要守住控制权，但最终还是和乔治达成了协议。乔治抵押了他的房子，并向兄弟借了点钱，他开始独自创业，伦纳德则加入了竞争对手的公司。好在乔治还是有基本常识的，他把所有的专利登记在了自己的公司名下。

乔治在当地找到了一位经验丰富的会计师，向其请教自己应当如何重建业务。讨论过后，这位会计师认为乔治需要一位生产经理，希望比尔·巴蒂可以在新来的质保控制员的辅助下胜任这份工作。公司以后一定会遇到设计调整的问题，有一位年轻的新晋工程师曾从事过相关工作，他将处理客户发现的所有安装问题。会计师坚持认为：乔治的角色应该是处理总体的管理工作，而不应当把自己的时间过多地花在外出销售上，要多花一些时间坐在办公室里监督一切。

因此，乔治雇用了一位销售工程师，但他选择雇用邓肯·麦克塔格特（Duncan McTaggart），这带来了一些麻烦。邓肯身上有一个在旅行推销员中十分常见的弱点：他在酒店会见到一些同行，与他们交谈时的地位及他本人的自尊心都基于他开的车有多好。他和乔治商量想要购买最新款的宝马（BMW），甚至愿意用较低的薪水和奖金来换取这台车。

邓肯·麦克塔格特性格强势，甚至有些咄咄逼人。不幸的是，他还很懒惰，即使拥有可以炫耀的宝马，即使有不少的钱可赚，他也不愿意在寒冷的 11 月开到泰恩河（Tyne）畔的纽卡斯尔市（Newcastle）逐个拜访潜在客户，他更喜欢坐在温暖的办公室里打几通电话。他不端正的工作态度及可能因此错过的销售机会让乔治感到十分不爽。然而，乔治的善良本性和麦克塔格特可能采取的极端态度让事态无法按照常理发展。

好在产品还是成功的。乔治在西班牙有几个熟人，于是他跑到了那里碰碰运气，最终他通过自己的努力，拿到了两笔超大订单。不过，现在的绝大多数公司发现，一系列小订单要比突然到来的大订单要好处理得多，哪怕后者看起来非常具有吸引力。因此这两笔超大订单会带来一些管理问题。

对此，不同的职员反应也不同。比尔·巴蒂不停地抱怨，发誓公司根本不可能按时完成订单，还威胁说要辞职，但私下里他觉得这是一个非常令人兴奋又绝望的挑战。他无法控制他的原料和部件库存，也无法对此提前做出计划。但是大量的实践让他成了危机管理的专家，在所有的事情都一团糟时，他能够表现得非常出众。而麦克塔格特则十分嫉妒老板拿下了这么大的订单，与之相比，他带来的成效和他的努力程度一样，没有什么突出的地方。

在某种程度上，麦克塔格特预言这是一场灾难也不是没有道理。通过不懈的努力和不断劝诱他的员工，比尔·巴蒂按时完成了西班牙的订单，但也只是勉强按时完成。不仅如此，为了完成这两笔超大订单，公司牺牲了一些麦克塔格特从英国市场带来的小订单，这让他的客户颇为不满。虽然麦克塔格特并没有尽全力开拓英国市场，但是这件事让他对工作比以往更加消极。他让乔治调给自己一个年轻人，待在办公室负责电话销售工作，但很明显麦克塔格特仍然常常待在公司总部，并没有跑出去开拓市场。也就是在这个时候，麦克塔格特和巴蒂之间形成了统一战线，他们把所有问题都归咎到可怜的乔治身上。

西班牙的订单有一个很好的特点就是买方付款很迅速。这对于现金流来讲非常有益，之后的一段时间银行给的压力也减轻了。但是乔治现在有些一意孤行。他的年轻设计师正在对产品做改进，这样可以帮助他提升销量。乔治便花了越来越多的时间做自己最喜欢和最擅长的事情——销售，他待在办公桌前的时间也就越来越少了。

当乔治和他的会计师对季度业绩进行分析时，会计师恳求他大幅度地整顿公司。这家公司无论是在财务上还是组织上，都存在严重的过度贸易问题。比尔·巴蒂作为一名生产工程师有着很多优点，他知道应该做什么，知道如何让手下拿出最好的状态，但是文书工作和规划工作完全超出了他的能力范围。乔治必须花更多的时间处理这些事情。至于麦克塔格特，如果他不能好好工作，那么应该直接让可以胜任销售工作的人来取代他。

善良的乔治非常不愿意面对任何形式的争吵和争执，他还比较害怕麦克塔格特的强势性格。乔治去咨询了当地的企业代理机构。他的顾问很清楚，目前的管理结构完全达不到要求。经过长时间的讨论，他们就以下几点达成一致。

- 乔治应当尽可能多地待在办公室里，要对工厂的生产管理提供帮助，此外也要管理比尔·巴蒂。他还应当密切关注所有事情，正如顾问所说的："没有比老板的双眼更好的管理工具了。"
- 麦克塔格特应该被赶出办公室，完成他的本职工作。
- 应当雇用一名经验丰富的采购经理来辅助巴蒂管理质量保证人员。
- 应当在每周五下午晚些时候开一次管理会议，检查当周的问题，规划未来的工作。希望通过给予每个人一定的发言权来提升合作精神。
- 每周应当举行一次正式的董事会，参会人员包括乔治、两位董事以及公司的会计师和审计师。

希望这一新的管理计划可以解决那些自创立以来就在困扰公司的问题。产品很好，有一定的市场，剩下的一切都取决于良好的管理。时间会证明一切。

第八章

市　　场

市场规模和供应状况对于崭露头角的企业家来讲至关重要，这一点我们在第一章已经强调过了。无论你的产品或服务有多么优秀，无论你对企业的管理有多么得当，唯有做到以下 4 点你才能取得成功：

- 拥有足够大的市场。
- 拥有明确的目标客户群体。
- 了解客户需求。
- 知道如何联系客户。

布鲁斯·恩特威斯尔（Bruce Entwistle）的市场营销经历可以用来说明以上几点。

布鲁斯发明了一个简单的厨房小工具。做好一个原型之后，他进行了一些基本的市场调查，看最终用户对这个产品的接受程度如何。他问遍了自己能联系到的家庭主妇，询问对方是否想要购买一个这样的产品，如果想要购买，她们愿意为之花多少钱。他对调查结果十分满意，觉得产品有销路，于是开始考虑下一步。

英国的家庭主妇显然不是他的直接客户，他不能靠自己挨家挨户地推销这个便宜的小工具来谋生。生产设备的成本意味着他需要出售数以万计的这种小工具才能赚到钱。

不管是用怎样的方式，大量出售任何产品都需要很多钱。负担生产设备成本对于布鲁斯来讲已经颇为困难，所以他不得不拒绝一些想法，比如雇用一个挨家挨户推销的团队，或是推出邮购活动。他还不得不放弃通过个体零售店出售产品的想法。这类店主也不能成为他的直接客户，因为建立必要的渠道和雇用销售代表都太昂贵了。最终，他决定去找一两家连锁店来当自己的买主。连锁店的店主们也的确很感兴趣，告诉了布鲁斯他们对产品的改进意见，并且提出了销售条款和交付条款方面的要求。布鲁斯与他们商谈过后，拿下了足够的订单来开启自己的业务并开动设备进行生产。

现在，布鲁斯 · 恩特威斯尔满足了上述的 4 条标准：

- 产品在英国家庭主妇中有足够的市场，这一点已达到了他的预期。
- 他将大型零售超市的厨具采购人员定为目标客户群体。
- 他根据客户的要求调整了产品和销售交付条款。
- 他找到了合适的销售渠道，可以将产品出售给最终用户。

让我们回想一下在之前的案例中，人们是如何处理市场问题的。

亚历山大 · 巴特斯比（案例 3.1）的情况相对简单，他知道工匠在奥尔敦市有市场。他的叔叔乔治多年来一直以工匠这个职业为生，亚历山大只是接手他叔叔的生意。亚历山大知道会有竞争，但是他相信自己的能力可以使他有立足之地。他有以下两点不足：首先，他没有意识到客户的感受（见第 12 章的分析）；其次，他在推销服务上没有做出足够的努力，过分依赖口碑和相当模糊的广告政策。

罗斯玛丽·兰布勒和缪丽尔·汤克斯（案例 5.2）在决定开始创业之前就已经对市场做了些功课。她们确定了可能会购买自己产品的客户群体，然后去拜访了一些潜在客户。她们不仅证实了产品存在市场，还拿到了几笔确定的订单。我们不认为市场营销会是她们的主要问题。的确，她们的市场十分广阔，可以通过数字化营销和在线展示获得很多绝佳的发展机会。正如我们所看到的，这两位试水市场的效果非常棒。

尼古拉·格兰特（案例 3.2）的市场已经定型了，由史密斯夫妇的顾客组成。她的问题在于判断这个市场（甚至可以包括实际可延伸的市场空间）是否大到足以支付她的运营经费，并且产生充足的利润。尼古拉的判断是否定的。如果尼古拉想要开一家新的商店而不是购买二手商店，那么她将不得不思考更加复杂的问题：找出该地区有多少家商店销售同类产品，以及会有多少潜在顾客路过她的理想店址等。

罗伯特·赫里克和迪尔德丽·威廉斯（案例 4.1）收购兰普莱特电器商店（Lamplight Electrical Store），其市场是现成的；但收购的同时，他们打算投入大量资金扩大现有的部分业务。罗伯特本就从事贸易工作，十分熟悉当地情况。但是他依然不辞辛苦地拜访了49位潜在客户中的30位，从而据此对自己可获得的总贸易额做出预测。通过联系潜在客户，他确信自己能够在这类贸易中获得足够的份额。

发明家马库斯·加赛德（案例5.1）的市场调查必然会比较敷衍了事。他知道市场对于改进了的安全带卷轴有一定的需求，但是究竟他的设计是否有市场，会不会有客户买下他的专利，他不得不在设计产品的时候赌一把。

左手斯诺克球杆的制造商（案例5.3）进行的市场调查比本书中提到的其他任何市场调查都更为详细。詹姆斯·特伯特对惯用左手的斯诺克球员人数进行了案头研究。然后他准备了一份正式的定量市场调查，以计算左手球杆的潜在客户数量。最终他决定通过代理商销售产品，并且选择了加利加斯金和布利克斯有限公司。

瓦格巴奇码头有限公司（案例7.1）和布拉德菲尔德构造有限公司（案例7.2）是两家正在扩张的企业，它们已经解决了一半这方面的问题。考虑到目前为止两家企业都非常成功，我们可以认定它们的市场很广阔。然而，它们必须说服商业计划书的读者，使其相信现有的市场大到可以容纳扩张后的公司，相信市场并没有达到饱和状态或是走向新的潮流。

约翰·S. 布鲁克（案例7.1）对瓦格巴奇码头有限公司的信心主要来自两点：首先，他知道前一年的泊位市场情况处于供不应求的状态，因为他不得不拒绝一些潜在客户；其次，他知道需要泊位的船只数量正在以每年5%的增幅上升。（根据现有的最佳预测，未来几年内运河中的船舶容量还不会达到饱和状态。）

就市场营销而言，布拉德菲尔德构造有限公司（案例 7.2）处在一个非常特殊的位置。产品需求量陡然上升，这引起了扩张和融资需求。公司仍需要积极的市场营销政策，但在可预见的将来，销售量不足应该不会成为该公司的主要问题。

乔治·韦斯顿的公司（案例 7.3）是我们称之为“市场导向型”的公司。乔治是一位天生的市场人，销售于他而言并不是问题。事实上，他的问题将出现在他的技术实力不足和过分专注于销售产品这两个方面。

我们的案例中的所有人，可能除了发明家马库斯，都需要确保自己的产品或商品拥有一定的市场。他们很清楚，除非拥有足够的客户，否则他们将无法获得利润。他们不是单纯地依靠对产品或服务的希望和信心前行，也没有过分依赖朋友的鼓励。他们竭力寻找答案，看自己的产品是否有足够的市场，而这些案例展示了他们使用的方法。

没有人会因为高估顾客对便捷度的追求而破产。我不是在说你的大多数顾客都生性懒惰或拖沓，相反，他们中的许多人都是尽责和勤劳的人；但是倘若你竭尽全力让他们的生活变得更加便利，那么他们一定不会生气。我们往往会因为最微不足道的原因失去懒惰的顾客。你要记住惩罚他们的懒惰不是你的工作，也要记住他们的钱也是钱——如果你能挣到的话。

例如，如果你在和公共企业或小型企业的人员打交道，那么你会发现他们十有八九不会坐在设施齐全、装修完善的办公室里办公。在这样的条件下，懒惰的人往往不会快速、及时地回复电子邮件或填写在线表格。你可以寄给他们写好地址的信封，简化他们的工作。如果你觉得这样做值得的话，甚至可以寄出贴好邮票且写好你的地址的信封，这样你将更有可能拿到他们的订单。

让你的订购单易于填写。事实上，如果你在向一个认识的顾客推销产品，你可以尝试在寄出前事先填写好部分信息（要仔细填写这些信息，确保信息是正确的，比如个人的名字或地址）。最重要的是，一定要避免使用专业术语。

无论信件的内容是什么，你都要确保其中包含你的完整的地址和电子邮件地址，也要确保在任何网站上都能够轻松找到这些信息。不要让顾客费力去寻找你的地址。这也向我们引出了电话的问题。

小企业不用或者说应该不用为此事感到烦恼。一位或者最多三位训练有素的客服人员就能够解决这个问题。面对不同类型和不同需求的问询，他们知道谁可以回答相关问题，以及如何在公司找到这个人。事实上，客服人员可能自己就能够处理好一些简单的咨询问题，并且和许多顾客变得熟悉起来。一位聪明的客服人员在熟悉了公司的业务后，应该能够谨慎处理各种事务，并且用温和的声音与顾客交谈。这样的客服人员能够给你的公司带来巨大的好处，你应当对他们慷慨一些。

但是非常小的公司（比如工匠和电工等）往往负担不起专业客服。我认为所有小企业业主都应当随身携带一部好用的手机，无论多忙都要一直保持开机状态，这样才能够及时接到电话。

我建议你给客服人员准备一个客户名单，让他们可以利用空闲时间给顾客打电话，看对方是否对你的产品或服务感到满意，并询问他们是否有任何疑问。这种努力只会为你带来好处：“我的供应商在乎我的想法”是一种非常好的感觉，值得你去激发和鼓励。

<<< 案例 8.1 >>>

诺伯里 · 威廉斯

如上所述，没有人会因为高估顾客对便捷度的追求而破产，不过的确有很多人因为低估了它而破产。反观之，迎合人类嗜睡和拖沓的天性则给许多人带来了财富。我将向大家展示一个事例，其中的公司因为充分利用了这一因素而得以飞速发展。不像我提到的其他事例，这个故事没有任何虚构的情节，是一个发生过的真实事件，只有名字和地点改变了——其他的所有内容都是真实的。

诺伯里 · 威廉斯（Norbury Williams）是一名熟练的技工，并且拥有园林机械。他和他的叔叔（同时也是他的雇主）吵了一架，决定自己去碰碰运气。最终，他拜访了当地的企业代理机构。他的顾问在生活中受一件事困扰：把自己的割草机塞进汽车后备箱，再送到修理店实在是太困难了。考虑到诺伯里有一辆小拖车，这位顾问建议他提供运送割草机的服务，免去许多家庭这一令人尴尬的麻烦。他可以为这项额外服务收取更多的服务费。

顾问建议诺伯里打印一些小卡片并印上自己的新业务简介，然后把这些卡片塞进潜在客户的信箱中。顾问还建议诺伯里去罗尔斯里（Rollsley）发展业务，那是一片著名的、繁荣的郊区，那里的人们不太可能会抱怨较高的费用。诺伯里有一些心理学家的特质，他说周五晚上是发卡片的最佳时间，因为周六早上各户的男主人应该已经在修剪草坪了，这时他们应该会产生需要割草机的想法。顾问也同意这一观点。诺伯里说他会在周一回到这里来汇报进展。

但是他食言了。之后的一整周，顾问都没有听到诺伯里的任何消息。不过，他在之后的周一来到了代理机构向顾问道歉，说他一直忙着运送割草机，处理相关事情，忙到没有了空闲时间。他甚至因为拉了一整车的割草机而被警察拦住，询问他在做什么。诺伯里解释了缘由。警察说道："好吧，你处理好这些割草机后，麻烦来把我的也拉走。"

第九章

计划借款

许多公司因为没有良好的财务规划而破产。如果你拥有综合的管理技能、优秀的产品或服务以及广阔的市场，你的企业却最终因为资金问题而失败，那就太可惜了。

当然，有一些企业没有筹集任何其他资金，仅仅依靠老板的投资便能在创建之后蓬勃发展。在筹集资金方面，尽管很多企业老板顽强地选择了经济独立，哪怕需要牺牲企业的快速增长也不愿欠任何人的钱——这样能给他们带来安全感，但是，本章将假设在金钱方面你做不到“自力更生”，或者你认为商机不等人，自筹资金的速度赶不上你想要开拓市场的速度。不管是什么原因，你都会借助外部资金并承担借贷的风险。

现在你必须决定什么是最有效的借贷方式，以及你愿意为之冒多少风险。做决定时的最佳指导工具仍然是你的现金流预测表，这也是商业计划书中十分重要的一部分。

首先让我们来看一下最简明的案例。亚历山大 · 巴特斯比（案例 3.1）创业需要筹集资金。通过现金流预测表，他发现自己不需要长期贷款，他也希望能够在之后保持银行账户有盈余，除非有一些意外发生。他的顾客用现金支付，因此一旦还清生意启动时的贷款，他就无须再继续背负债务了。亚历山大只需要一个基本的透支额度，如果选择定期贷款，他便需要不断支付利息——哪怕他的账户有盈余，这并不适合他的情况——对银行来讲肯定是有利的，但是对巴特斯比的公司来讲就不太妙了。

其他企业家的情况就有所不同了。亚历山大做完一份工作后能够立即拿到报酬，他甚至能用赊购的方式买到一半的原材料。因此，他得到的工作越多，资金进入账户的速度就越快。而特伯特制造有限公司（Turbotte Manufacturing Ltd，球杆制造商，案例5.3）每签订一份合同，它就需要在寄出发货单之前向工人支付几天甚至几周的工资，同时收到客户付款还有延迟期。在获得报酬之前，公司生产产品需要花费的资金被称为“周转资本”。

大多数企业都需要长期贷款，而且它们必须确保这些资金可以按要求提供。它们不想反复给银行打电话，会尽量谈下一个定期贷款，还款期越长越好。

在案例5.2中，罗斯玛丽和缪丽尔处在一个中间的位置。她们给客户的信用期与主要供货商给她们的信用期相同。对于她们而言，现金流中唯一的延迟是发出雕塑的发货单要晚于收到金属和浇铸的账单。她们的利润率很高，因此可以将部分销售收入作为周转资本。而在另一方面，她们的经费压力相当沉重，在宣传、设计和制造新模具上开销不小。

因此，罗斯玛丽和缪丽尔的对策是必须争取更多的生产量，这样才能出售更多的雕塑产品。这在她们的贷款上也有所体现：她们选择了定期贷款，有9个月的还款期，这给予她们足够的时间让利润超过经费和新设计成本等支出。她们还申请了透支额度来弥补延迟，维护正向现金流。正如案例所示，这是一个明智的决定。斯坦尼斯拉夫斯奇铸造有限公司生产延迟给她们的现金头寸带来了不小的压力，但是她们采取了正确的解决生产问题的方式，从而帮公司回到了正轨。

在案例 3.2 中，尼古拉的商业计划让她放弃了购买史密斯家杂货店的想法。不过让我们想象一下另一种情况，当买家以更实惠的价格买下了一家真正盈利的零售商店后，他应该怎么做？

良好的零售方式有一个基本要素，就是用赊购的方式从供货商那里买进货物，然后仅接受顾客现金支付（或是通过银行的信用卡系统来获得现金）。这样你的现金流就很有可能是正向现金流，你的交易越多，银行余额增加就越快——只要你能控制采购频率。

零售商的耳朵里有两个警笛声：一个响着“买得更多就能得到更大的折扣”；另一个则响着“如果你扩大销售的商品范围，你将收获更多的销售额”。仅仅听这两种主张的话，它们确实都有一定道理，但也都充满了危险。如果按照第一种主张去做，会毁掉零售商的优势——采购时赊购，售出时收现金。事实上，如果你的买入量超过了两个月的销售量，就会出现负现金流，因为你让钱“流出”到供货商的时间大于顾客让钱“流入”你的企业的时间。按照第二种主张增加你销售的商品范围的话，不一定会真的有利可图，除非销售额增长和你的库存成本增长成正比关系。理想的对策是用有限数量范围内的货物实现快速周转。

如果能够保持适当的购买频率，一个零售商店应该不需要在开始交易后增加周转资本。从增加的利润中抽出一些用来增加库存对你来讲应该不会太困难。事实上，在第一个月，你的现金流应该很明显是正向的，因为你用商品换取现金的同时，直到第二个月才需要为买入的货物付款。你在决定想要多少定期贷款和透支额度时，要考虑到这一点。

因为购买商店（包括库存、固定装置和声誉等）所需的资本往往和赚取的利润紧密相关，所以你要就未来几年的还款问题尽力与贷款方协商；然而，由于你目前的周转资金需求应该为零，你需要做好立即偿还的准备。

如果除了买下商店，你还打算筹集资金买下不动产，那么我的建议是将这两笔买卖分开：一个是零售冒险，另一个是房地产投机。可能一个看起来很值得，而另一个看起来不靠谱，这具体取决于当时的情况。你的目标应该是单独为房地产筹钱，并且努力为之拿下一份长期贷款。

谈到瓦格巴奇码头（案例 7.1），它采取的扩张融资手段更加简单和直接。约翰 · S. 布鲁克借钱建立了一笔为自己创收的资产，只要他能出租这些泊位，钱就会滚滚而来，稳步增加现金流。他申请了一笔定期贷款，以分期付款的方式付清，等建好泊位并且可以出租后就立刻开始偿还贷款。

本章所讨论的案例基本上囊括了各种融资问题。最明显的资本来源是可抵押支付的银行贷款。（当你借钱时，你个人有义务偿还这笔钱。银行会要求你提供一定的担保，这可不仅仅是一个口头保证。抵押可以采取房屋二次抵押或保单转让等方式，也可以由一位产权人签署一份担保书，承诺他将在你无法偿还欠款时替你还清欠款。）剩下的事情虽然重要，但也不过是看银行的借贷意愿，看对方愿意提供什么贷款形式和还款率。

如果你面临的筹款问题和上面讨论的一样，那你应该多去几家银行，试着拿下最好的贷款条件。对此有两条适用规则：首先，你和银行讨论偿还条款时，带上一份现金流预测表；其次，要小心还款时间，不要让还款时间过早导致你还款费力。

顺便提一句，如果你打算用房子进行抵押贷款，那你可以考虑一下抵押给建房互助协会。也许这个机构能给你一个比银行更好的条件。永远记住，如果你把房子作为抵押品，那你的房子就会有风险。

案例 4.1（罗伯特·赫里克和迪尔德丽·威廉斯）、案例 5.3（詹姆斯·特伯特、布赖恩·弗莱彻和朱莉娅·沃驰曼）和案例 7.2（肯尼斯·杰克逊·艾伦和安东尼·凯文·斯普纳）中介绍的项目比较大，融资也更加复杂。因此，它们都不能通过提供足够的抵押品来获得理想中的贷款数额，虽然一次性从银行获得全部贷款更加合适。

任何人或银行向这些公司提供资金都将面临风险，因为它们很有可能会倒闭。的确，公司会倒闭，这种情况太常见了。无担保资金的放款人必须用成功的投资补贴失败的投资带来的损失。这使直接发放且无担保贷款的利率往往高达 30%，除非是对商业计划研究得十分透彻或融资计划绝对可靠。没有任何负责任的银行或类似机构会想要向奥尔敦电器用品有限公司、特伯特制造有限公司或布拉德菲尔德构造有限公司收取 30% 的利率。仅仅利率本身就能让绝大多数公司瘫痪。事实上，糟糕的现金流会带来巨大的压力，许多企业由于背负着这种压力而被逼入清算的境地。

这背后的罪魁祸首正是高利率和严苛的贷款偿还条款。

政府意识到了这一问题，制定了企业融资担保计划（Enterprise Finance Guarantee）。根据这项计划，政府本身将作为银行大部分贷款的保证人，银行可以在不需要个人担保的情况下进行借贷。这个计划有两个缺点：首先，由于没有安全性，利率会比较高；其次，由于银行还需要在没有担保的情况下借贷，小企业信贷担保计划与其他普通担保贷款相比，申请审查将更加严格。

如果你想避免这样的高利率，最好的方法是寻找权益资本来源。“权益”（equity）是什么意思？起初“equity”在英文中指的是公平交易，后来律师们用它来指一种司法系统并将其作为传统法院的普通法规则的补充。现在在金融业中，这个词派生出了新的含义，指对公司的一部分拥有的实际所有权，这与仅仅向其贷款有着很大的区别。一位普通的股东实际上拥有公司的一部分。如果你的公司发行了 10 000 股，而你拥有其中的 100 股，那么你就拥有了 1% 的公司所有权。因此，普通股即权益股。

一般而言，所有普通股都具有同等价值，也享有平等的权利，但是从法律上来讲，拥有权利较少的普通股也是有可能的，比如没有投票权，前提是发行时就要明确说明这一点。不过，证券交易所及一些政府部门不喜欢这样的区分和差别。

有些股票有着混合或者伪装的特质。金融专家用智慧发明了各种各样的“混合”投资，来满足特殊需求或是帮助企业解决税务问题。优先股实际上就是假装成股票的债券股，它的形式比较多样。其中一种优先股是“参加”优先股，类似于一个混血儿。

它像贷款一样有固定的利息，又像普通股一样包含少量的分红，据说还含有一些“权益元素”。一些优先股或债券股则被赋予了“可转换”的称号，这通常意味着它可以转换为普通股形式的股票。这些不够标准的股票比较复杂，绝大多数小公司最好避免发行这种形式的股票。如果你的公司打算发行这种股票，你一定要征求专家的意见。

通过发行普通股来出售部分股权很普遍，尽管有些人强烈反对“出售我的公司的一部分”，一些人甚至觉得这是“把公司送人”。倘若这种态度基于不惜一切成本追求独立的强烈愿望，那么它属于个人观点，没人可以争辩什么；但是如果是因为有人下定了决心要赚尽可能多的钱，却一心想保持控制权，那只能说这个人很贪婪，也很愚蠢。倘若你可以提出让自己满意的条件，发行股票有很多好处。

个人、公司或者银行借钱给你，它们有权收取利息并在合适的时间内收回资金。这是真的——无论你是在赢利还是在亏损，现金流为正还是为负。哪怕这对你来讲有诸多不便，甚至会带来毁灭性的影响，贷方也必须收回其资金。但是如果对方是权益股持有人就不一样了，他们要和你风雨同舟、患难与共。只有在你赢利时，权益股股东才会有收益，收益按照持股比例计算。好的权益股持有者是优质的资金来源，要善待它们。从心理上来讲，权益股股东比你承担了更大的风险，毕竟是你控制着这个合办企业。要记住乘车会比开车更让人紧张。因此，不要舍不得给权益股股东进行利润分红。

但是哪里可以找到这些权益资本的提供者呢？大多数精明的

人在购买少数股权时非常小心，因为他们心里明白，那些拥有公司股份 50.1% 的人能够有效地控制公司日常运营；如果持有超过 75% 的股份，甚至可以修改公司的规定，也就是公司章程。

寻找投资人时，只有家人、朋友和现有商业伙伴等信任你的人才有可能按照你想要的方式投资。除非你去找一位一流的商业律师，帮助你想出一个保护少数股东的计划。

你可能会问："但我们经常听到的风险投资公司在哪里？"风险投资公司的确存在，其中一部分也确实配得上这个名字。有些书通篇都在讨论风险投资。这本关于撰写商业计划的书用一章来讲清楚风险投资显然是不可能的，不过本书可以提供一两条一般性意见。

风险投资公司可以被划分为以下几种类型：

- 会投资初创企业的公司。
- 不会投资初创企业的公司。
- 会坚持要帮助管理企业的公司。
- 采取"不插手"政策的公司。
- 真正提供"风险"投资的公司。
- 纯粹是放债的公司。

然而，这些公司都有一个共同之处，就是无法帮助那些所需金额少于 150 000 英镑的企业。

它们之所以如此，有两个很有力的理由。第一个是调查计划书的成本。风险投资公司并不知道你的底细，也可能不太熟悉你在计划书中讨论的业务，只知道你写了一份优秀的商业计划。所以现在专家们必须花钱核实你的商业计划。他们的调查可能需要花费 7 500 英镑，甚至更高的成本。调查一份总额为 150 000 英镑、为期 5 年的融资申请，总成本达 7 500 英镑，这意味着平均每年的成本仅占融资总额的 1%。但是如果融资总额仅为 20 000 英镑，年数不变，每年成本费就高达融资总额的 5%。还有一个问题需要考虑：即使风险投资公司调查后决定不进行投资，它们也需要支付调查成本，也需要用成功的投资来弥补这些成本。不难看出，为什么风险投资公司不愿意接受少于 150 000 英镑的融资申请。

第二个原因是，人们认为小型初创公司不具备足够的全面管理技能。只有坚持“插手”政策的风险投资公司才有可能对小型初创企业感兴趣，而且这些公司希望在管理方面有发言权。对于新企业来讲，这不一定是一笔坏交易，但是想要让少于 150 000 英镑的风险投资变得有价值，交出管理大权的成本实在太高了。

很明显，低于 150 000 英镑这个临界点的融资，面临着一个巨大的投资缺口。而融资额超过 150 000 英镑时，借款人则可以以更合理的偿还条款拿到银行的担保贷款。缺口是公认的，至少一些政府机构知道缺口的存在。人们正在进行相关讨论，以期找到解决这个问题的办法。一些地方倡议正在实施中，你的当地商务通（Business Link）[①] 会告诉你，你所在的区域里是否有这种组织。

---

① 商务通（Business Link）是指英国政府资助的非营利性商业咨询和服务指导平台。——译者注

提供这种权益资本时，出资者往往会提出或坚持要在某些领域协助管理。我们不应当嫌弃或蔑视这种行为。只有极少数的公司在管理能力上无懈可击，如果对方提出这种要求，你应当认真考虑一下。但是，我也不建议你不加鉴别地接受这种援助，有些援助会过多地插手公司事务。其实，最好的合作应当像是接受求婚一样你情我愿。你要确保自己能够不断前进，不管外界环境是像月光照着平静的海面一样舒适宜人，还是像威瑟斯普寒冷潮湿的周一早上信箱里塞满了账单一样让人难受。

让我们考察一下剩下的三家公司（案例 4.1、案例 5.3 和案例 7.2）是如何解决融资问题的。

奥尔敦电器用品有限公司（案例 4.1）的董事们想出了一个巧妙的策略。利用政府的企业投资计划，他们接洽了潜在客户，邀请对方投资自己的公司。根据这项计划的规定，有钱人投资小型企业时，其纳税基数应从总收入中扣除投资额。这种纳税方式自然会适用更高的税率。投资人的钱需要在这个计划里放 5 年，除此之外还有其他的条件和限制。与风险投资相比，这种借贷形式更加划算，直到 5 年期限结束时才会影响到现金流。以奥尔敦电器用品有限公司为例，投资人了解市场范围，实际上他们本身也就是市场中的一个重要组成部分。他们对公司成功的信心包含了自我实现的因素，祝他们好运！

特伯特制造有限公司（案例 5.3）选择了担保贷款计划（Guaranteed Loan Scheme）并且获得了需要的资金。这笔贷款的利率比董事们所希望的要高一些，而且必须按时偿还。如果该公司的长期计划能奏效，几年后特伯特将会寻求进一步融资，而且应该会向 3i 集团[①]、风险投资基金或商业银行提出申请。

布拉德菲尔德构造有限公司（案例 7.2）规模足够大，可以向风险投资公司或商业银行申请贷款。它需要慎重地选择出资方。一些风险投资公司的兴趣点比较特别，具有“高科技”倾向的公司更有可能得到投资；还有一些风险投资公司只对资本能快速获取收益的投资非常感兴趣，它们会给已经小有成就的公司带来压力，要么想着接管公司，要么竭力让公司进入另类投资市场。艾伦博士和他的同事可能不希望有这样的结果，应该避免选择后面这种出资方。

本章并不是为了全面地讲解个人或公司融资的可行方式，而是试图表明你的融资方式必须与公司规模、性质和它的未来计划紧密相连。希望这能使你在和财务顾问谈话的过程中更加清楚地知道你需要什么，以及如何去获得它。

① 3i 集团是国际领先的私募股权投资公司，在伦敦证券交易所上市。——译者注

第十章

撰写商业计划书或经营企业的反面教材

要想成功地筹集到资金，一份商业计划书必须让读者看到它很好地涵盖了 4 个主要方面。它需要显示出：

- 存在足够大的市场。
- 管理层有能力、有效率。
- 公司拥有优良的产品或服务。
- 资金足以满足需求和合理的意外情况。

你的商业计划书应该全面地表现出公司的优势和能力，仅仅在一两个方面展现亮点是不够的。我们可以从历史中举一个例子：威灵顿公爵（Duke of Wellington）并非后人眼中“杰出的”将军，然而他极为成功，从未打过一场败仗，并在荣耀中安度了晚年。当人们问起他成功的秘诀时，他说自己从来没有忽视过任何可能有助于胜利的细节，无论多么细微。

这位“铁公爵”（Iron Duke）的准则同样适用于经营公司。公爵知道训练、食物和补给及充分关注治军的其他方面至少与战斗中使用的战术同等重要，或许我们把他描述为成功的军队经理比军事天才更为贴切。

按照威灵顿公爵的准则，你的商业计划书不仅要涵盖业务中有趣的工作，也要包含单调乏味的工作。你虽然没有必要详细列出分别由谁负责发送报表、泡茶或确保走廊干干净净，但是，你必须要让商业计划书的读者感受到会有人负责并且那个人可以有效地处理这些事情。

我读过两份商业计划书，它们都展示出了人们如何变得膨胀，并且允许个人的观点主宰他们的思想，几乎排除了所有其他的可能。这两份计划书都是由受到过高等教育的人写出来的，然而没有一份可以说服任何精明的投资人为他们融资。虽然俩人都对各自的项目充满激情和热忱，但是都没有为一些比较日常的管理和经营问题做出说明，计划书也就无可救药地失去了平衡性。下面描述了一些计划书在细节方面的不足，既然是反面教材，两份计划书当然不能得到投资人的认可。

第一个例子直接来自一所重点大学。作者认为他的同事取得了技术突破，他显然对此十分着迷。他用了几页纸来说明固态物理的进步如何给予这个项目可行性，从科学的角度很仔细地为他的主张引用文献，直到第 4 页才提到了这项技术或科学突破可以怎样在商业意义上投入应用。即便是这样，商业应用似乎也是作为一个次要问题出现的，尽管实际上撰写这份计划书的人是希望获得大量的资金用于研发工作。

接下来的几页专门介绍了这些技术专家脑海中的一些有趣的想法，但是没有任何内容可以表明团队完成研发工作后将怎样转化为盈利的企业。在文件的末尾给出了正式的现金流预测，不过这看起来仅仅像是走个形式，而且所用的数字不像是从“计划书”

的其他部分得出来的。

这几乎可以作为一个创业者对技术进步的热情远超相关商业应用的典型例子。下面是我总结的这份商业计划书所犯的 5 个主要错误。

- 谈了太多的技术信息，读者仅能理解其中很小的一部分。
- 没有明确的发展路线，也没有盈利预测。
- “用科学迷惑人”的日子早就一去不复返了。董事会和其他人不会仅仅因为技术人员说的话就为其提供一大笔资金。
- 申请人并没有以描述他们的产品市场为开头。投资人直到费力地读完几页有关物理方面的内容，才看到自己感兴趣的地方。
- 计划书提到了完成研究的那些杰出的科研人员的名字，却没有指出谁将经营这家企业，也没有任何迹象表明他们已仔细考虑了企业的管理结构。

除了提到要做更多的研发工作之外，这份商业计划书根本就没有行动计划。一些优秀的技术创新，让人以为至少有一个产品拥有巨大的潜在市场或者需要更多的资金，但这些关键内容完全缺失。这份计划书的内容甚至无法达到那些吸引商业投资的计划书的基本要求。或许只有撰写者将计划书的重心从强调技术转移到强调产品及其市场本身，并且对计划书的清晰度加以提升，这份文件才可以用来向现有公司宣传想法或出售版权。一份商业计划书应当显示公司将如何运营及怎样使用筹集到的资金，如果做不到这一点，它就完全没有用途。

第二个例子是一份高端又浮躁的商业计划书，从商业方面来讲显得比第一份计划书更成熟一些。它确实与第一个例子犯了同样的严重错误。这一案例与生物技术有关，相当多的人至少具备这方面的基本科学知识。在阅读前几段时，任何人都可能会想这个作者究竟在说些什么。从计划书中我们可以了解到这种产品有一定的市场，但是商业计划书中用了太多新的术语，读者需要花费很大的精力才能将其“翻译”成可以理解的语言。

过度使用专业术语或行话不是高科技行业才有的弊病。所有的职业，比如体育或商业——无论是屠夫、糕点师，还是烛台制造商都会使用或开发具有特殊含义的词语。有时这些词由新想法的简写构成，是一种很有用的形式，但是太多行话不过是一些变体，意在给外行留下深刻的印象或者给他们一些挫败感。这种专业术语或行话不应当在商业计划书中使用，至少不要在没有解释含义的情况下使用。你的目的不是为了让读者一头雾水，而是向对方展示你能够清楚地把握情况。

让我们回到第二个反面案例——生物技术企业。这里出现的错误不仅限于在撰写计划书时滥用行话，还有一些更深层次的问题。计划书显示出公司理解问题的方式从根本上来讲就不平衡。起初，该企业成立的目的是向供不应求的市场供应产品，由于生产数量和质量均出现了问题，公司濒临破产。一位来自另一个学科的一流生产工程师用他的技术帮助并推动了这家企业重组，最终将其从破产的边缘救了回来。现在，至少商业计划书的撰写者认为，保证企业未来繁荣发展只需要进一步注入资本，而市场无须担忧，它永远会敞开大门。目前该公司可以卖出其生产的所有产品，于是就以为这种幸福的状态将无限期地继续下去。计划书中没有任何迹象表明该公司有营销对策，读者也看不出计划书撰写者预见到了起草营销对策的必要性；同时也没有证据表明他们已经建立了一个经过深思熟虑的管理结构或者任何财务控制制度。

你不能想当然地认为一些事情会顺利发展，比如谁将负责什么和如何管控这笔钱，更不应当认为在可见的未来你不需要市场营销。只有一家公司对这些方面给予了充分的考量并拿出了一个合适的处理方案，投资公司对此感到满意后才会投资这家公司。

你可能会问："那么这两个案例对于小型企业来讲有什么启示？"诚然，这两个案例中筹集的资金总额都在 250 000 英镑左右，但是即使是打算独自创业且只需要兼职员工的创业者也会面临这两个案例所暴露出来的问题。事实上，几乎每一位想要制造和出售产品的个体企业家都会面临第一个案例中的问题，无论他想要生产什么样的产品。

撰写第一份计划书的人并不清楚自己想要成立什么样的企业。你呢？让我们来设想一下，假如你认为手铐生意有较好的前景，你现在的优势在哪里？你是手铐设计者吗？还是一位熟练的工匠或生产工程师？也许你曾为国际刑警组织（Interpol）工作，通过工作了解到了国际市场对手铐的需求，那你知道主要的客户群体是谁吗？或者你是否是一位拥有金融和经营技能的优秀经理，看到了手铐贸易中的机会？除非你有成捆的钱并且已经建立好了市场，否则你不能独自控制整个过程——从设计到销售产品。完全弥补你缺少的管理技能需要高昂的经济成本，而你无法承担它。因此，你要选择你的商业路径。要么制造手铐，让别人销售产品；要么做销售，把手铐生产外包给其他人。

举个例子，一家小型制造业公司制作一流的、价格合适的工程产品，在行业中有良好的声誉，并且有巨大的销售提升潜力。这是一家非常小的公司——公司所有者虽然有一些兼职助手，但基本上所有事情都由他自己完成。他的问题在于——他设计产品，在工作台前制作产品，完成销售和文书工作，并且撰写商业计划书，此外还要参加工商管理课程和研讨会。他工作非常努力，也非常忙碌，但业务增长的速度却宛如蜗牛在爬行。在 15 年或 20 年后，如果他还能保持健康的体魄，它的产品也没有被取代，他或许能获得合理的收入，不再需要每年工作 50 周、每周工作 70 个小时。他的问题是无法让自己放弃业务中的任何事情，这样也就无法减轻自己的工作量，更不可能减少需要解决的问题数量。

诚然，有一些人可以通过白手起家赢得声誉。比尔·盖茨（Bill Gates）曾说过，他出生在了正确的时间、正确的家庭、正确的国家里的正确的地方。我们其他人都知道他也是个商业天才。本书不是为商业天才写的，而是为我们这种能力中等并想要充分利用所拥有的资源的人写的。

如果你已经阅读了花园雕塑生意和斯诺克球杆制造商的商业计划书，那么你会注意到无论在哪个案例中，都没有人打算自己来经营从设计到销售的一切业务。雕塑将由其他人制造，而斯诺克球杆暂时由其他公司负责销售。阅读了这两份商业计划书的投资者会看到，在两个案例中，精力和资源都将集中用在最重要的环节，管理人员需要处理的日常问题的数量也将因此大大地减少。

有时会有人说，具备管理技能且经验丰富的人太少。在美国，金融机构评判商业计划书时更在乎管理能力而非其他任何因素——其他因素自然包含了产品本身的卓越性能。而且，它们坚持认为管理“平衡”是必不可少的。

平衡的意思是所要管理的不同方面不应当彼此超越，不应当分出孰轻孰重。企业有时可能被外界视为“市场主导型”或“设计主导型”。这些行话术语虽然比较模糊，但也是一种真实的概念。然而，“市场主导型”并不应当意味着由销售经理做出所有的决定或抓住每一个他们能拿下来的订单，或者让负责生产和财务的人不得不拼命挣扎，以致常常感到无望赶上进度。

“设计主导型”也不应当意味着有才华的设计师或设计工程师可以坚持把他们所有的绝妙想法都投入生产，而不管市场营销人员的抗议或是财务总监的害怕和担忧。管理的每一个方面，无论是在不同人的手上，还是在全权所有人的脑海里，都应该能够用一句“嘿，慢着”来有效地劝告这个人，或者用一句“来吧，动起来”来有效地鼓励这个人。这就是平衡管理的含义。把平衡管理写入你的计划书，让读者明白你的管理是平衡的。

管理方面的平衡问题至关重要，这并不意味着你只需要略微注意设计、销售或生产等方面即可。这些都是比较有趣的部分，大家都能够看到这些方面的需求。但是要想获得成功，业务中较为枯燥的一面也同样重要，比如可靠的簿记和良好的库存控制等。简而言之，就是那些你不会独自去做的工作。我们都听说过一些公司，虽然有着优秀的产品和销售人员，但在行政工作和库存管理方面却只能用懒散来形容，公司最终走向了破产。原因在于它们忽视了对网上银行的监控，它们很少按照承诺的时间交付备件，不回答客户咨询的问题或延迟寄出发票——在明白发生了什么之前，它们会突然发现自己已经难逃被官方接管的命运。

回到铁公爵的治军准则。包罗万象、视野广阔的拿破仑式计划（Napoleonic Plan）也是可行的，但是威灵顿对细节的关注让他赢得了滑铁卢战役（the battle of Waterloo）。

第十一章

维护计划

好！你已经起步了。你制订了一份很好的计划，说服了银行，筹到了你所需要的资金。要把这份计划常备在手边，不要拿它压箱底。哪怕你仅仅是打算定期重新浏览一遍，以确保自己还在正轨上。但是，如果真的出现了偏差，你会及时发现吗？

当你不断前进的时候，你会大概知道自己做得怎么样。订单源源不断地进来，尽管银行还没有打电话询问透支的问题，但是已经透支的金额让你十分担忧，一个供货商还在不断地催你支付欠款。有时你会在半夜惊醒，害怕命运正在伺机用某种方式捉弄你。你希望可以有时间好好调查业务活动中出现的问题。

你可能决定使用在线商务会计服务，因为你最不需要的就是阅读并理解成堆的文件，比如营业表、利润表、资产负债表、银行核对报表或现金流分析表等。这至少需要花一个小时来仔细、专业地研究才能理解它们。不！你需要的是一个简单的陈述：你现在的位置如何，业务的实际趋势是什么。这些趋势很重要，你需要观察的也正是这些趋势。你应该每天关注以下 3 种数据：

- 你的银行余额。
- 别人欠你的款项（来自你的“债务人”）。
- 你欠别人的款项（来自你的“债权人”）。

每天将这些数据与前一天、前一周、前一个月、前6个月和前一年的数据进行比较，可以十分有效地让你知道业务进展情况。分析这些数据能够帮助你在稳固的基础上谋划进一步的成功，或是在形势不太乐观的时候及时采取补救行动。

即使在理财方面，你也需要密切关注你的公司的日常数据，了解如何为自己解决问题。如果你制定了严格的规章，所有金融交易都在发生的当天记到了账簿中，那么关注数据就不会太难。每天必须记录好收到的所有现金、支票和付款，必须持续记录所有当天发出的发票、收到的发票和其他账单。虽然你可能非常讨厌记账，可这是必不可少的工作，如果推迟到周末再做，最终还是会给你带来更大的工作量和担忧。所以，在面对眼前的少量数据时，你可以只花一两分钟来处理。这些数据或许非常能说明问题（见表11-1）。

如果你按照这种方式在电子数据表中输入这些数据，那么加入相关数据就会简单很多，比如添加到上周的同一天、上个月的同一日；如果你想的话还可以把相关数据添加到3个月、6个月或9个月前，当然（如果有的话）添加到去年的同一日也没问题。现在，你就是在为自己的业务建立一个完整的数据库，这样做更有价值，因为数据始终是最新的！

“内部审计”是一种非常有用的形式，就是将计算出的与债务人及债权人相关的数额和实际的贷款欠款、供应商欠款数额相比较。这应该能够帮助你消除错误。无论你是在开车还是在值夜班，你都可以掌握最新数据，并根据数据进行新的思考。

表 11-1 处理日常数据

项目	金额（英镑）
输入前一日的现金余额	464.38
加上当日收到的支票和现金	109.00
	573.38
减去当日支付的支票和现金	
向供应商支付	200.00
其他支出	107.98
	307.98
因此，当日现金余额为	**265.40**
输入前一日借方结余	4 035.40
加上发出的发票	300.00
	4 335.40
减去当日收到的现金和支票	109.00
因此，当日借方结余为	**4 226.40**
输入前一日贷方余额	1967.34
加上收到的发票	250.00
	2 217.34
减去支付的金额	200.00
因此，当日贷方余额为	**2 017.34**

让我们来举个例子，萨米·布鲁克斯（Sammy Brooks）为电子行业里的许多公司制造电路板。他采用了一个类似上面概述的系统，并仔细观察他的业务趋势。在过去的几个月里，他比以往任何时候都要忙，销售额一直在增长。这体现在了他的日常财务报表中。债务人欠他的货款持续上升，他对债权人的欠账也出现了一个较小但

显著的上升。更令人担忧的是，银行透支额也在逐渐增加。

萨米仔细探究了这一切。目前财务透支程度还远未达到临界值，但是这种趋势绝对是危险的，他当然不想因为拖欠货款而惹恼供应商。他知道，自己并没有为了个人用途而比往常取出更多的钱，也没有花钱购买无用的存货或新的设备。他甚至拒绝了售货员想要买一台新电脑的要求——尽管他也很想买。他想知道是不是因为自己的利润率太低，但答案是否定的。他的产品标价绝对不算低，因为产品本身质量就很好。萨米决定咨询他的会计师或顾问，与之讨论一下眼下的问题。

讨论过后，俩人得出的结论是公司目前做的工作超过了其能够承受的工作量。萨米称工厂还可以生产出更多的电路板：他有足够的设备和工人。会计师则认为这不是重点。每一次开始新的任务，公司都必须满足材料成本并且继续支付工资。这笔钱花出的时间远早于客户寄出支票的时间。萨米的生意扩大得越快，公司的银行账户面临的压力就越大。

萨米建议去银行申请一个更高的透支额度，但是会计师则认为这并不可靠。会计师解释说，银行非常不愿意为这种“过度交易”(正如它的字面意思)投资，其实他可以提供另一种解决方案，只不过需要萨米同意稍微减少点儿订单。会计师建议“把困难变成机会”。如果萨米对他说的现状是真的，公司可以承受价格上涨。萨米可以将其产品的价格稍稍调高一点儿，寻找愿意以更高的价格购买一流产品的顾客。同时他还可以为顾客们提供一个比之前稍高一点儿的现金折扣。如果顾客的支付时间不符合折扣要求，萨米可以仅仅凭借订单合同获得更高的利润；如果符合要求，资金就会来得更快一些。

哪怕销售额下降了一点，生意也不过是“冷清”了一点，萨米也还是可以得到更多的利润和现金流，这与他的付出就可以成正比了。有了他所采用的财务控制系统，萨米很容易就能发现这次的战术变化是否有用。此外，如果透支减少，借方结余下降，他就可以开始重新扩大订单量了。

现在让我们来看看雷金纳德·莫布雷（Reginald Mowbray）的情况。他没有接受过任何职业训练，但他是个友善的小伙子，到处都有朋友。有一天，他正无事可做，一个朋友告诉他在法国南部的葡萄种植区即将举办一个大型宣传活动，推广当地的葡萄酒新品种。雷金纳德看到了机会。他自言自语道：“我如果能找到一些物资，就可以抓住这个市场机会。”通过利用自己的人脉，他找到了一个供应商。通过接触俱乐部和餐馆的老板及经理，他为这些新酒建立了一个很好的顾客名单。到目前为止，他已证明了自己是一个成功的企业家。

虽然萨米是一个彻头彻尾的文科生，但是他懂得如何做生意。他意识到，随着葡萄酒知名度的提高，大公司也会加入葡萄酒市场，最终他会因竞争乏力而被挤出去。他需要知道，什么时候压力会变得太大。一方面，他不想在受伤前退出；另一方面，他认为自己并不能坚持太久，这样会导致积攒太多难以承受的支付承诺，留下大量只能亏损出售的货物。

于是他采用了上文所倡导的那种每日记录系统。他的生意也因此快速增长、不断攀升。但是随着时间的推移，他注意到按照旧价格进货越来越困难。除此之外，他的每日记录系统显示，别人拖欠他的资金数额开始下降，他的欠款数额也跟着下降了。他的银行余额正在稳步增长，他有了更多可支配的资金。

显而易见，这门生意正在走向衰落。这些迹象是一个警告：轻松的日子就要过去了。他该怎么办？凭借自己在这一领域的经验和成功历史，萨米顺利通过朋友找到了一份工作：在一家想要进军这个领域的公司做葡萄酒买手。与此同时，他还成功地把所有库存变现，带着赚到的一大笔现款成功地退出了竞争。

如果萨米和雷金纳德对正在发生的事情没有基本的常识，他们就有可能会犯下严重的错误。商业天才或许会拥有某种第六感，但是我们大多数人都没有。我们需要提示。我们需要预警系统。类似于我在上面建议的方法对于提升成功率来讲至关重要。

但是除了纯粹的财务内容，计划的其他一些方面也需要不断地进行评估。的确，你做生意时，自己的时间是最宝贵的资产之一。那你是否明智地支配了时间？我不是在问你有没有在生意上花足够的时间，我相信你一定有。你十有八九比你当员工时工作的时间更长。你不要在休息、娱乐和爱好上吝啬时间，因为它们能够让你保持理智。事实上，我说的是你实际花在生意上的时间，这些时间规划和管理得合理吗？

让我们回顾一下第七章中乔治·韦斯顿的故事。乔治把他所有的钱都投进了公司，撇开他的性格，他有没有专注完成他作为首席执行官的任务？不，他没有。他经常跑神，去关注下一次销售宣传。他不喜欢帮助敏感的装配车间经理处理生产问题，也不愿意敦促懒散的麦克塔格特去完成任务。不仅如此，他对行政工作毫无兴趣，也不愿意谈论财务透支问题。

按照第九章的讨论，公司建立了新的制度以确保管理的平衡性。其目的之一就是让乔治待在办公室，让雄心勃勃但十分懒惰的麦克塔格特出去。乔治现在应该能够行使最有效的管理职能了，也就是充当老板的眼睛。有句老话说道，“组织就是委派”，但如果没有“监督”，委派就是徒劳。因此，公司需要一个合适的管理计划及针对该计划的维护方案。

另一种管理失败来自过度集中，如果换一种方式可能会得到另一番结果。你在生活中最先学到的事情之一便是你知道的事远不如你认识的人重要。没有朋友和熟人来帮助你，单枪匹马划独木舟肯定会是非常辛苦的工作。因此，任何一位精力充沛的企业家都要多出去走走，以建立人脉关系。这是商界人士参加工业会议，在领英张贴博客，甚至加入昂贵的高尔夫球俱乐部的原因之一，即使他们并不是非常喜欢高尔夫球或是参与当地的政治活动。但所有这些都是提高企业影响力的好方法，企业的负责人确实有责任树立并保持这种影响力。

这对于你的公司来讲都很有帮助；这是提高公司影响力的正确方法，也是企业负责人需要履行的首要职责。但这也是危险的，你可能会花掉太多的时间，把你应该用来监督同事或做一些有用的交际的时间都花在提升影响力上。正如我之前说过的——要保持平衡。

首席执行官滥用时间还会以另一种方式来危害企业发展——坦率地讲，就是多管闲事。不要误会我，天知道在公共生活中我们有多需要具备多年商业管理经验的人。从英国议会下院（House of Commons）到半官方机构，到各类管理委员会和各种协调委员会，再到小学校长，我们都迫切地需要那些可以做实事并且能够及时、恰当地完成任务的人。

但是这个人必须是你吗？在职业生涯的这个阶段，你的生意能让你闲下来吗？第一个要求你花费时间和精力的是你的公司，包括其员工、客户和供应商。掌握最高权力的人就很明白这一点——没有人能服侍两个主人——他会紧随一个，轻视另一个。当生意不再支配着你，你实际上处于半退休的状态时，你才有能力去参加公益活动。在此期间你要记住平衡的原则。

这是我给你的建议：制作一个每日时间表，记录你如何支配时间。许多公司甚至给他们的高级职员也提供这样的时间表，这是非常正确的决定。你要求员工要有顺序和有技巧地支配时间，可是你的时间明明更宝贵，为什么要随便花掉呢？如果你坚持记录下自己如何使用时间，那么你就可以定期检查记录，看你是否对所有正在进行的事情给予了平衡的关注，而不仅仅专注于你最擅长和最喜欢的事情。绊倒你的障碍物往往是生意中最让你厌烦的方面。

准备商业计划书不是一项可以完成后就放在一边、逐渐遗忘的启动期任务，而是一项持续的活动。如果上文强调的日常簿记和记录你自己的时间看起来太无聊、太琐碎，那是因为你还没明白全面控制的重要性。它们将帮助你经营你的生意，而不是让你的生意支配你。是时候学会控制了，趁你还没有陷入麻烦，不要等到银行和债权人扼住你的喉咙。

第十二章

小型企业和商业周期

很多人都听说过在兴衰交替的历史浪潮中出现的商业周期，但并不是所有的商界人士都知道。所以在制订计划和安排活动时，你应该替他们考虑到这些周期。自古以来，这种繁荣和萧条就一直伴随着我们，当然也包括中世纪。有一本书表明，巨石阵（Stonehenge）[①]的建造顺序暗合青铜时代[②]的商业周期模式。关于为什么会出现这些兴衰更迭的理论比比皆是，彼此之间联系不太紧密，甚至毫无关联。但是有关当局并不认可这些观点，虽然政客们喜欢在经济不景气时责怪政府。

你可能会问，如果政府或经济学家无法控制低潮或萧条时期，你和你的小企业还有什么希望？的确，生意失败的人很悲惨；但事实上，大多数初创的企业确实能够生存下来。那么你如何才能确保你的公司成为幸存的大多数之一呢？

你可以通过增进对商业周期的认识和确定自己所处的周期阶段来创造一个良好的开端。经济衰退期逐渐结束往往比繁荣期开始变糟要更容易鉴别，这可能是因为政治家和金融记者更愿意做

① 巨石阵是欧洲著名的史前时代神庙遗址，位于英格兰威尔特郡索尔兹伯里平原，约建于公元前 4000~公元前 2000 年（也有人说英国考古学家研究发现，巨石阵的比较准确的建造年代在公元前 2300 年左右）。——译者注

② 青铜时代是考古学上指代以使用青铜器为标志的人类文化发展阶段，欧洲在公元前 4000~公元前 3000 年进入青铜时代。——译者注

出乐观的声明，不愿预测厄运。但还是有迹象可以指引你，比如股票交易所的趋势、税收收入和房价的变化，这些都会在报纸的财经专栏中有所讨论。

很明显，在经济鼎盛时期创业或贷款来扩张现有企业是非常危险的。一方面，随着经济不断走向低迷，保证产品销量将会变得更加困难，更糟糕的是，你的成本将持续上升，直到你能真实地感受到经济衰退。你还记得在1989—1990年时薪资是如何持续攀升的吗？虽然这时候经济低迷即将到来已经很明显了。再糟糕一点儿，如果你有大量借款，无法避免的利率增长会加重债务负担。而你的客户作为链条上的最后一环，他们自己也是经济低迷的受害者，不得不一再拖延付款，因此你必须借更多的钱，而这只为保住你的生意。

从另一方面来看，如果你可以在萧条的深渊里创建或维持一个企业，那么未来会非常乐观。如果你的产品或服务仍有市场，销售将变得更加容易。与此同时，你的成本增长会慢于你的销售增长速度，贷款利息将下降，你的客户也会发现支付欠款没有以前那么困难。

让我们假设你在经济最为萧条的时候创办了一家新的公司，或是萧条期过后为幸存的公司制定未来战略。根据之前的情况来看，你认为商业周期约为10年——前5年走向繁荣期的顶峰，后5年走向萧条期的最低点。

在第一章里，本书建议你在给交给银行经理的商业计划书中加入一段话来描述“长远目标”，这里的“长远”就包括扩张的那几年。但是考虑到未来你可能不仅不会扩大规模，还有可能需要缩减开支，你需要为这些年制定一项有针对性的战略。

目前需要记住的是，有些企业比其他公司更容易受到商业周期的影响。药剂师和丧葬承办人的生意在本质上是稳定的，但是建筑商、金属制造商和奢侈品销售商（如相机或骨瓷）更依赖于繁荣时期，萧条期到来时他们会发现自己是最先受到伤害的群体。如果你的公司是一家普通的公司，根据通常的繁荣期和萧条期，你很可能需要面对：

- 两年半的艰苦工作。
- 两年半有可观盈利的扩张。
- 两年半的丰厚利润，即使已经过了繁荣期顶峰。
- 两年半的真正低迷时期。

在理想情况下，你可能在第一个两年半过去后就能拥有或是能够借到足够的钱来获得这个周期需要的所有固定资产，第 5 年后还清所有贷款，再之后的两年半积累足够的资金，帮助你把便宜的货物抢购下来，在最后的经济衰退期里出售。

然而我们并不生活在一个理想的世界里。虽然从逻辑上和统计学上来讲，在经济衰退期的最低点创建公司并生产销路好的优秀产品风险较小，但你会发现，筹集到必要的资金很难。因此，你可能需要在周期中等一小会儿。如果是这样，请记住，你的产品或服务可能在商业周期中起步较晚，甚至因为时尚潮流的更迭导致获利期较短。

即便如此，原则依旧：为“荒年”做好准备。当经济开始走下坡路时，现金就是王牌。据此可以制定一些指导原则：

- 所有购买工厂、机器和声誉的钱都应在商业周期的中间付清。
- 企业彼时的欠款数额应当大大低于浮动资产（即债务人、股票和现金）。
- 届时，企业应该有一个数额可观的正的现金流。

你可能有充分的理由在经济低迷时期购买工厂或贷款扩张，但这是一项超长期战略，更适合大公司。本书劝告小企业业主不要去逆流而行。

及早准备的原则是否可以用于生意中的其他方面？是的，可以。（让我们假设你现在采取了在情况尚好时偿还债务，在形势不妙时确保手头上有现金的策略。）首先，你要对自己的员工负责。雇主所面临的最痛苦的任务之一就是解雇员工，在经济低迷时期解雇一名好员工非常令人痛心。你应当如何制订计划才能避免或减少裁员的必要性？

要记住，你发出的计件工资、支付的奖金或加班费占比越高，你就越有理由在不得不裁员之前降低员工收入。大多数人宁愿没有加班费也不愿没有工作。你也要考虑雇用年龄较大的人的可能性，在经济低迷期来临时，他们可能原本就要退休了。想到要雇用比你年长的人可能会让你感到不舒服，但你要记住，一位经验丰富、有责任心的年纪较大的员工可能是一笔宝贵的财富。

如果企业为了生存下去而不得不裁员（毕竟企业如果不赢利就无法生存），那么裁员越早越好。这听起来可能有些铁石心肠，但你要记住，在经济形势恶化之前完成“裁员”，会让那些被解雇的员工更有可能找到新的工作。不仅如此，通过提前放走一些员工，你更有可能留住剩下的员工，你对他们也有责任。

在承担不必要的财务承诺之前，你要先多加思考。经营企业的艺术包括能够区分什么是必要的，什么仅仅是可取的。钱很难赚，借钱的代价也很高昂。你需要周转资金和“贸易工具”（可能是工厂和机械），但你必须买下厂房吗？仔细想想：你可能在为一个相对较小的回报下加倍的赌注。

在第八章我们建议把经营商店和拥有不动产作为两笔单独的买卖。无论你的生意是什么类型，买下不动产意味着承担额外的承诺。你能承受为两笔生意借贷的风险吗？

同样，你也应该警惕在债务缠身的情况下增加开销，那样会改变你的生活方式。要记住，如果你为自己的“有限”公司担保了任何贷款，那么实际上就是你个人在贷款。如果你为公司贷款，你就支付不起更大的房子、更大的汽车和休闲的假日等开支，直到你的债务开始减少，生意真的有利可图并且赚来真金白银。即使你的现金流和利润预测在几个月后出现了盈余，也并不意味着这些预测一定会实现。你十有八九是过分乐观了，特别是关于销售量增速的方面。你要有耐心，在鸡蛋孵化前不要数小鸡。

许多企业倒闭不是因为其固有的缺点，甚至也不是利率的上调，而是因为它在自身贷款和业主个人债务的压力下无法维持运营。要避免所谓的“捷豹综合征”（Jaguar Syndrome），它折磨着许多小企业主。有些东西，你看似可以“通过公司购买”，但这并不会更实惠。因此你在赢利和获得利润之前，除非对于生意来讲必不可少，否则不要购买额外的 iMac（苹果）电脑或时髦的办公家具；在有足够的利润之前，你也不要用可以炫耀的“高管”车取代旧的家庭轿车。

即使你自己的企业没有任何内在弱点，你也可能在经济衰退时期因为一个或多个客户难以支付甚至无法支付欠款而遭受打击。不管在什么时候，付款较慢的客户都不是一个好客户，你应该按客户情况区别处理。在困难时期，他们更加让人讨厌，也是最有可能给你留下坏账的人。

企业性质可能让你只有屈指可数的几个客户，甚至只有一个。这会让你在经济衰退期遇到的风险大大增加：如果有一个客户没有支付，你就可能面临破产。因此在制定策略时，你不仅必须要有一个严密的系统来控制你的债务人并持续监视客户的信用可靠程度，还应该仔细衡量与许多较小的客户打交道导致的额外成本会不会比只有一两个大客户带来的风险更小一点儿。毕竟，大合同有可能引发大风险。

总而言之，为了避免商业周期带来的最糟糕的影响并成功度过商业萧条期，你要记住美国青少年组织童子军（Boy Scout）的那句古老的格言：时刻准备着。

第十三章

监控进度

本章我们假设你从银行获得了贷款，开启了创业之路，并且现在已经取得了一些进展。也许你做得比你预想的要好，也许比预想的要糟。不过你真的知道你在做什么吗？如果你按照第二章的建议，使用你的现金流预测表进行预算控制，那你就一定能得出这个问题的答案。你还记得建议是什么吗？你要用实际达到的数字来填写“实际”栏，从而了解正在发生的事情。你还应该保留你最初制订的更详细的计划书的副本，而不是仅仅留着你寄给银行的正式商业计划书的副本。不断重新阅读这份文档可以使你牢记原始计划。

对经营小型企业的人来说，有一种危险叫作过分关注日常问题。一个人手头上的工作越多，这句话就越真实。从自由职业的服务商（旺季需要夜以继日地工作）到工厂老板（竭尽全力去完成一笔笔大订单），情况都是一样的：在克服眼前的危机之前没有时间思考。危险在于，出现一个问题就去解决，出现一个机会就去抓住，你可能会在几乎察觉不到的情况下偏离正常的轨道。

如果你有合作伙伴或信任的经理，你应当定期与对方讨论相关业务。要定期检查你的计划——即使是你一个人在做。拿出你的商业计划和最新的现金流预测表，然后从数字的角度去看公司的各个方面。这样你就可以思考和解决下面几个问题：需要改变什么，需要放慢什么，需要加快什么，以及下一步做什么。

如果能够有一个友好的、感兴趣的局外人来参加这种会议将非常有益。很明显，最合适的人是你的会计。优秀的现代会计师不会满足于仅仅在年底或是几个月之后为你准备账目，配合稽查员核对你的税务账单。会计师应该乐于定期给予你帮助和建议。如果你幸运地拥有这样一名称职的现代会计师，那你应该好好利用对方可以提供的服务。每小时收取的费用可能听起来很高，但是建议很可能是无价的。

你也可以打电话到当地的企业代理机构，讨论你的计划、希望和担忧。那里的顾问会很高兴见到你，而且这项服务是免费的。建议你每三个月定期去一次，以便监视自己企业的发展。即便那里的员工不能回答你每一个问题，至少对方可以告诉你去哪里寻求专家的帮助。况且很多情况下，仅仅讨论讨论就可以帮你澄清一个问题，甚至想出一个解决方案。

还有另外两类人对你的成功有兴趣：你的主要供应商和你的首席客户。这两类人中的个别人如果擅长自己的工作，他们就会十分愿意帮助你提高效率，让生意更加兴隆。定期拜访他们。事实会证明他们是主要的信息、提示和建议的源泉。在你举行“迷你”董事会议之前去拜访一下他们，这样就可以在开会时把他们的观点也考虑进来。

在接下来的几页中，你将看到不同的主人公如何推进和提升他们的想法。这些主人公曾出现在之前关于商业计划书的案例中。较为有趣的是几位第一次创业的人，其他的人我们原本就认为他们可以稳定经营下去。

正如预期的那样，每一个创业案例都会遇到某种典型的问题，你将会看到他们如何克服困难。

<<< 案例 3.1 >>>

亚历山大·巴特斯比

亚历山大·巴特斯比是一位技术娴熟的工匠，他确实也跟踪了自己的业务进展情况。他做的这项工作要相对简单一些，因为多琳·格雷在帮他管理账簿。保持账簿更新是有效管理的必要基础，不管这家公司的客户是小商店还是跨国公司。

你可以在表 13–1 里面的银行预测表上看到这家公司前 6 个月的工作方式。这些开支预测得相当准确。汽车费用比预测的要高一些，但亚历山大不必因此动用任何为意外事故准备的资金——至少目前为止是这样的。

在另一方面，亚历山大很早就注意到，口头介绍并不能给他足够的工作。从建造商那边得到的工作量和预期差不多，为 DIY（自己动手做）的人们提供帮助（如果有什么区别的话）超过了预期，这多亏了他在 DIY 商店的朋友；但是私人住宅的工作量并不太理想。虽然亚历山大的长期计划是发展分包业务，但是他不禁担心私人住宅工作量太少。他知道自己的工作能力和成果都是一流的，然而房主们似乎并没有向朋友和邻居推荐他。

创业 3 个月后，亚历山大决定致电当地的企业支持热

表 13-1　亚历山大·巴特斯比 1~6 月的现金流预测表

项目	1 月		2 月		3 月	
	预算	实际	预算	实际	预算	实际
收入						
现金销售	1 500	1 480	1 900	1 914	2 300	2 036
应收现金						
引进资本	3 600	3 600				
总收入（a）	5 100	5 080	1 900	1 914	2 300	2 036
支出						
债务支付			90	88	114	114
现金购买	90	88	114	114	138	122
房租、地产税与水费	120	120	120	120	120	120
保险	600	600				
维修与翻新	40	24	40	16	40	50
供暖、照明与供电					100	120
广告	200	230				60
打印和文具			10	22	10	8
交通和汽车费	120	130	120	134	520	562
电话					100	100
专业服务费（多琳·格雷）		200	200	200	200	200
资本支付	3 000	3 000				
利息费用						
取款	1 000	1 000	1 000	1 000	1 000	1 000
许可费及杂项	300	300				
总支出（b）	5 470	5 492	1 694	1 694	2 342	2 456
新现金流（a–b）	370	–412	206	220	–42	–420
开户银行存款余额	0	0	–370	–412	–164	–192
结汇余额	–370	–412	–164	–192	–206	–612

注：所有数据包含增值税。

（单位：英镑）

4月		5月		6月		合计	
预算	实际	预算	实际	预算	实际	预算	实际
2 300	2 502	2 400	2 276	2 400	2 502	12 800	12 710
						3 600	3 600
2 300	2 502	2 400	2 276	2 400	2 502	16 400	16 310
138	122	138	150	144	136	624	610
138	150	144	136	144	150	768	760
120	120	120	120	120	120	720	720
						600	600
40	20	40	40	40	10	240	160
				100	90	200	210
		100	70			300	360
10	16	10	16	10	6	50	68
120	142	120	126	520	510	1 520	1 604
				100	100	200	200
200	200	200	200	200	1 000	1 000	1 000
						3 000	3 000
70	76					70	76
1 000	1 000	1 000	1 000	1 000	1 000	6 000	6 000
						300	300
1 836	1 846	1 872	1 858	2 378	2 322	15 592	15 668
464	656	528	418	22	180		
–206	–612	258	44	786	462		
258	44	786	462	808	642		

线。顾问倾听了他的话，与他讨论了在广告及宣传上的想法，然后试探性地问了亚历山大如下6个问题。

- 是否出现过他没有按约定时间上门的情况？
- 是否出现过无法赴约却没有通知户主的情况？
- 有时会不会在完成一份工作后忘记收拾整理？
- 当他进出房子时，是否一直让门开着？
- 有没有在未事先征得允许的情况下抽烟？
- 有没有一直把收音机的声音开到最大？

尽管亚历山大听到这些问题有点不舒服，但是他也不得不承认顾问提到的这几条罪行对他来说不算无辜。有一次，他没在午饭前完成早上的工作，也没有通知下一位顾客，因为“打电话有点尴尬”。那位女士很生气，因为她为了把问题解决掉专门请了一下午的假。类似的事情发生过不止一次。他否认曾经在离开时不打扫卫生，因为他非常以自己的工作为豪，绝对不会允许这种情况发生。但他承认，他常常忘记关门（一位顾客总是抱怨这件事），而且他确实是一个烟鬼。

顾问强调，亚历山大身处服务业，成功与否不仅取决于他在技术上能否做好工作，还取决于他能否从各个方面让顾客满意，即使其中一些顾客有点儿过分挑剔。

亚历山大出示了一份现金流预测表，顾问说如果一切按计划进行，那么亚历山大就需要纳税；大约在18个月到两年后，将有几笔较大的支出，如果没有准备好钱，糟糕的后果将令他措手不及。顾问建议亚历山大将营业额超过650英镑的部分的20%存入建房互助协会账户。这不仅能够使亚历山大在需要缴税时能拿出钱，而且让他在储蓄的同时也能赚取利息。

这次讨论过后，亚历山大改进了他的工作方式，在快到6个月的时候发现自己通过私人推荐得到了大量的工作。事实上，正如银行的现金流预测表显示，他到6个月时的销售额比预期的要好。

<<< 案例 4.1 >>>

罗伯特·赫里克和迪尔德丽·威廉斯

在贷款担保计划（Loan Guarantee Scheme，缩写为LGS）下，赫里克和威廉斯成功地与当地银行谈下了一笔贷款。不幸的是，奥尔敦电器用品有限公司选的店面在交付上出现了意外延误。奥尔敦方面聘请的来自里德-赫林先生事务所的律师和来自马尼亚纳-霍利迪事务所的租方律师马尼亚纳没能按时完成手续。尽管他们双方不断地进行沟通，但租赁手续直到新年才办好。

这次延误产生了一系列破坏性后果，主要有如下5个方面。

- 奥尔敦电器用品有限公司提供全方位服务的启动时间比预计晚了两个月。这给了在布拉德菲尔德的竞争对手们先发制人的机会，它们把生意做得风生水起，其中一家公司甚至在威瑟斯普开了一家分公司。
- 有两位电器专家原本打算通过企业投资计划来投资该公司，后来他们不能忍受没完没了的延迟，决定撤回投资。兰普莱特先生同意延迟收取部分库存费用（8 000 英镑）才弥补了这一资金缺口。
- 奥尔敦电器用品有限公司发现：为圣诞节订购的大量款式新颖的电器礼品出现了滞销的情况（只有一两个订单可以无条件取消）。现金流太糟糕了，以致其位于维吉斯街的商店开业时直接挂上了“大减价”的标志。
- 宣传的盛大开幕式是在一年中的窝工[①]时间举行的。女星博比·洛夫伯德无法参加了，这让整个开幕式黯淡了许多。
- 法律事务比预期的要复杂得多，而且法务费用几乎是预算所需的两倍。不幸的是，按照租约的规定，奥尔敦电器用品有限公司不得不全部承担这些费用。

延期开业的长期影响难以评估，这些影响包括将市场机会拱手让给竞争者和让重要客户失望甚至就此流失等。不过，

① 窝工是指因计划或调配不当，工作人员没有工作可做或不能发挥作用。——译者注

可以肯定的是，如果公司没有增加预算并严格按照分析要求来申请资金，那么延期开业对现金流的短期影响就是灾难性的。

即便如此，公司还是勉强幸存下来了。当地的电器承包商仍然很忠诚，公司也证明了自己能够提供高性价比的一流服务。公众开始参观新的陈列室，这给公司未来的零售业务带来了希望。

尽管灾难性的开局还没过去半年，但是账簿显示销售额距离原定的月度目标并不远。事实上，其增长速度比预测的还要稍微好一些。每个人仍然对公司有一个光明的未来抱有希望，尽管事情可能永远不会像没有发生过延期开业那么好。

会计师制定了新的利润预测表和现金流表（截至年底），包括前 5 个月的实际结果（表 13–2）。他们推测公司将在年底前达到月度销售目标。但是店面延迟交付发生在不能更糟糕的时候，正如你所见，这对利润和银行余额都产生了可怕的影响。

重点是，一旦你致力于一个计划，那么推迟恰当的启动时间引发的成本可能非常高昂。这种情况可能是法律延迟，但也不排除有可能出现建筑承包商的延迟，投资人没能按时筹集到资金或机器没有送达等各种其他情况。我知道有一家企业得到了 50 万英镑的投资，由于没有全面测试一些电脑软件，公司启动两周后软件才开始正常运行，公司因此全面崩溃，所有投资者都赔了钱。

不要依赖交货承诺。你不妨多留出一些时间，允许出现一些不可避免的延误，但不要将这些想法告诉你的承包商！

表 13-2 奥尔敦电器用品有限公司新的利润表和现金流预测表

项目	月份 2	月份 3	月份 4	月份 5	月份 6
利润预测					
销售额	23 716	32 910	39 018	43 734	50 984
减去					
出售商品成本	16 796	25 152	28 170	31 668	37194
经费	12 746	12 746	12 746	12 746	12 746
透支利息			210	60	150
贷款利息	666	630	596	560	526
折旧费	626	1 354	1 354	1 354	1 354
净利润	–7 118	–6 972	–4 058	–2 654	–986
现金流预测					
销售支出	6 966	266 368	38 842	46 154	52 684
贷款	60 000				
引入投资	100 000				
收据总额	166 966	26 386	38 842	46 154	52 684
采购支出	4 090	39 752	29 908	33 512	37 860
经费支出	23 008	18 646	13 224	11 812	8 394
利息				2 096	
贷款还款	3 000	3 000	3 000	3 000	3 000
资本项目	35 250			41 126	
初期存货（包含增值税）	30 550				
增值税				–12 486	
总支出	95 898	61 398	89 354	35 838	49 254
现金流	71 068	–35 012	–50 512	10 316	3 430
银行					
期初余额	0	71 070	36 058	–14 454	–4 138
期终余额	71 070	3 6 058	–14 454	–4 138	–708

（交易 6 个月后修改版，第一年贸易的财务预测）（单位：英镑）

月份 7	月份 8	月份 9	月份 10	月份 11	月份 12	月份 1	合计
56 404	56 200	59 200	44 400	68 000	74 000	74 000	622 566
41 228	41 036	43 360	32 520	49 550	54 200	54 200	455 074
12 746	12 746	12 746	12 746	12 746	12 746	12 746	152 952
150	180	150	126	120	60		1 206
490	456	420	386	350	316	280	5 676
1 354	1 354	1 354	1 354	1 354	1 354	1 354	15 520
436	428	1 170	–2 732	3 880	5 324	5 420	–7 862
60 222	65 260	66 952	64 684	61 712	77 504	85 894	
60 222	65 260	66 952	64 684	61 712	77 504	85 894	
44 178	48 420	48 490	49 674	40 212	58 768	63 686	
9 774	11 512	13 520	9 774	11 312	12 910	9 164	
1 936			1 716			1 126	
3 000	3 000	3 000	3 000	3 000	3 000	3 000	
		9 400					
	5 926			5 538			
58 888	78 258	65 010	64 164	60 062	74 678	76 976	
1 344	–12 998	1 942	520	1 650	2 826	8 918	
–708	636	–12 362	–10 420	–9 900	–8 250	–5 424	
636	–12 362	–10 420	–9 900	–8 250	–5 424	3 494	

否则，他们会心安理得地接受“恩惠期”然后依然延迟交货。如果可以的话，你们可以商定一个严苛的延迟惩罚条款。

<<< 案例 4.2 >>>

奥斯伯特·威尔金森

近3个月以来，奥斯伯特的餐厅取得了巨大的成功。他的餐厅几乎每天晚上都坐满了人，平均每晚顾客数量为42人，而不是他预计的32人。他的厨师、合伙人盖伊·卢斯利烹制了可口的菜肴并对它们做了有条理的区分。他的工作人员也没有怠慢顾客，甚至没有让顾客等待过账单。不仅如此，顾客的平均消费额高于奥斯伯特的预测。他把这一切归因于他所选择的背景音乐，虽然实际原因可能并不是这样。他在一份专业杂志上读过一篇文章，其中有一位心理学家认为“高档”音乐能够引发顾客对“高档”食物的渴望。作为一名音乐爱好者，奥斯伯特对莫扎特大幅提升了他的账单的平均消费额感到深信不疑！

奥斯伯特甚至在午餐生意上都赚了不少，因为他瞄准了当地的商务人士，为这些人提供了可以给他们的客户留下深刻印象的菜品。几个星期过去了，餐厅一直很热闹，让人非常开心。然而，困难却在这时悄然而至。奥斯伯特的餐厅距离市中心有点远，不在步行范围内。晚上附近有足够的停车位，但是在午餐时间，路旁泊车位都被占满了，剩下的全是双黄线标记的地方，即这些地方不可以停车。附近有一长块空地为开发商所有，奥斯伯特让顾客在那边停车，他自以为解决了这个问题。直到某天早上，空地上满是承包商的建筑材料。原来开发商没有告诉奥斯伯特就卖掉了这块地。于是他的还算兴隆的午餐生意就这样眼看要泡汤了，除了周六周日路边有足够的停车位时，平时的午餐顾客减少了很多。

奥斯伯特修改了他的计划。他必须解雇午餐时段的特殊员工，因为周末的午餐时段现在可以由他的普通员工和待命的兼职人员轮班负责。他对午饭的灵活经费从 80 000 英镑减少到 24 000 英镑，但午餐时段的固定经费的贡献比也大大降低。这无疑是不幸的，因为他现在的总利润是刚开始的总利润减去每周五天午餐时段的损失，不过奥斯伯特仍然做得很好，他自己也感到十分满意。

泊车位紧张造成的客流不足现象正在成为许多小型消费类企业真正的障碍。突然增加的双黄线给许多小店主带来了致命的打击，他们没有机会或是能力搬到有停车空间的未开发地区。建议你评估一下泊车拥堵将会对你现在或将来造成何种影响——这并不仅仅适用于零售商。当然，这不会给地处大城市的餐厅带来很大的压力，因为城市本身就有优秀的交通网络。

<<< 案例 5.1 >>>

马库斯·加赛德

马库斯对他的雏形产品生产的推进方式感到非常满意。不仅如此，测试显示，他的安全带设计远远优于市场上任何同类产品。然而，他现在也开始遇到了一些困难。他以为只要他开发出设计蓝图并申请了专利，他就可以找到一位代理或是经纪人帮他出售使用权；可他找不到这样的人或公司。马库斯的专利代理人说自己不能亲自去帮他销售专利，这涉及职业道德问题；他的会计师和律师也都没有什么可以帮助他的资源。两个非营利组织很慷慨地给出了建议，但实际上出售专利的工作还是要靠马库斯自己来做。诚然，如第五章开头所述，发明家的道路是艰难的——特别是在英国。

困惑不已却又内心坚定，马库斯开始寻找公司，看哪家愿意接纳他的产品。当然，他先试了试当地的公司，然后联系了英国国内的其他公司。所有的公司都以这样或那样的理由拒绝了他。不过一家营销公司对他的产品印象深刻，其中一位董事提出了一项提议：如果马库斯自己成立一家公司来生产安全带，那么他们愿意为马库斯做销售，并以三年内按照资产净值购买这家公司的多数股权为作为回报。他们甚至愿意为马库斯找信贷公司帮助他成为一名制造商。马库斯是一位彬彬有礼的人，他感谢了对方，礼貌地拒绝了这个提议。

与此同时，马库斯收到了两份有希望的报价：一份来自一家意大利公司，另一份来自中国台湾。伦敦一家商业律师事务所正在代表他与对方进行谈判，他对得到一个令人满意的结果报以很大的希望。

<<< 案例 5.2 >>>

罗斯玛丽·兰布勒和缪丽尔·汤克斯

在最初的6个月里，罗斯玛丽和缪丽尔发现自己有偏离正轨的危险，因为斯坦尼斯拉夫斯奇铸造有限公司没能按时扩大自己的产能。这样的话，不仅她们在之后的第3~5个月将受到影响，而且整年的生产计划都面临着风险。

缪丽尔制定了一份新的年度现金流表。在最初的3个月里，她输入了实际情况；在接下来的9个月中她填写的数字基于铸造有限公司的新产能预测，并在广告成本上节省了开支，因为公司没有必要宣传无法出售的商品。如表13–3所示，结果并不理想。

俩人立即采取了行动。罗斯玛丽和缪丽尔去拜访了斯坦尼斯拉夫斯奇铸造有限公司的总经理。会面有点火药味儿。

表 13–3 罗斯玛丽·兰布勒和缪丽尔·汤克斯的新现金流表

项目	月份 1	月份 2	月份 3	月份 4	月份 5
利润表					
售出雕塑数量	1	2	2	3	3
销售额	1 300	2 600	2 600	3 900	3 900
减去					
金属与浇铸	570	1 140	1 140	1 710	1 710
模具与设计	40	80	80	120	120
经费	1 924	1 924	1 924	1 924	1 924
利息	94	94	94	94	94
薪资					
折旧	134	134	134	134	134
利润	–1 462	–772	–772	–82	–82
现金流预测表					
销售收入		1 528	3 056	3 056	4 582
贷款	8 000				
其他收入	8 000				
收入合计	16 000	1 528	3 056	3 056	4 582
支付项目：					
金属及浇铸	0	1 340	1 340	2 010	2 010
模具原料	906	680	0	114	460
工资（同上）	130	130			
经费	4 384	1 576	1 756	2 092	1 058
利息			282		
其他工资					
取款	1 000	1 000	1 000	1 000	1 000
资金支付	7 200				
增值税				–1 410	
贷款还款					
支付合计	13 620	4 726	4 378	3 806	4 528
余额	2 380	–3 198	–1 322	–750	54
银行余额	2 380	–818	–2 140	–2 890	–2 836

（第一份修改版：3 个月后的利润表和现金流预测表）（单位：英镑）

月份 6	月份 7	月份 8	月份 9	月份 10	月份 11	月份 12	合计
3	3	3	3	4	4	4	35
3 900	3 900	3 900	3 900	5 200	5 200	5 200	45 500
1 710	1 710	1 710	1 710	2 280	2 280	2 280	19 950
120	120	120	120	160	160	160	1 400
1 924	1 924	1 924	1 924	1 924	1 924	1 924	23 088
94	94	94	94	82	82	82	1 092
134	134	134	134	134	134	134	1 608
−82	−82	−82	−82	620	620	620	−1 638
4 582	4 582	4 582	4 582	4 582	6 110	6 110	47 352
							8 000
							8 000
4 582	4 582	4 582	4 582	4 582	6 110	6 110	63 352
							0
2 010	2 010	2 010	2 010	2 680	2 680	2 680	2 2 780
460	114	114	460	460	114	114	3 996
120	0			120			500
1 288	3 592	1 058	1 288	2 092	978	1 208	22 370
282			282			246	1 092
							0
1 000	1 000	1 000	1 000	1 000	1 000	1 000	12 000
							7 200
	90			162			−1 158
			1 000			1 000	2 000
5 160	6 806	4 182	6 040	6 514	4 772	6 248	70 780
−578	−2 224	400	−1 458	−1 932	1 338	−138	−7 428
−3 414	−5 638	−5 238	−6 696	−8 628	−7 290	−7 428	

总经理承诺将尽其所能，但他说了太多自己的困难，以及罗斯玛丽和缪丽尔支付的费用已经多么便宜。罗斯玛丽便去联系了布里斯托尔（Bristol）地区的另一家浇铸厂。在这里，她得到了明星般的待遇，签订了每月浇铸4尊雕塑的合同。生产立刻开始了，对方承诺在未来6个月内每月生产4尊雕塑。

俩人将新的模具，包括“跃立雄狮”（事实证明这款特别流行），送往布里斯托尔。斯坦尼斯拉夫斯奇铸造厂的总经理一听到这个情况就联系了罗斯玛丽。他说有好消息，他设法克服了自己的困难，并且在下个月底之后将生产量增加至每个月5尊雕塑。4个月之后，浇铸厂能够每个月产出10尊雕塑，并且价格不会上涨。

随着订单的不断涌进，罗斯玛丽和缪丽尔知道她们生产出来的雕塑不愁销路。她们的现金流预测表必须再次更新。这一次，她们需要加入更多的设计和模具成本。从中不难看出市场对于新模型是有着强烈需求的，显然她们需要一些有偿帮助。

在6个月结束时，俩人再一次修正了现金流预测。这一次显示了上半年的实际结果和下半年改善后的前景。新的预测见表13–4。

现在，罗斯玛丽和缪丽尔根据最新的预测回顾了她们的

表 13–4 罗斯玛丽·兰布勒和缪丽尔·汤克斯的利润表和现金流预测表（第二份修改版：谈下新的生产合同后）

（单位：英镑）

项目	月份 1	月份 2	月份 3	月份 4	月份 5	月份 6	月份 7	月份 8	月份 9	月份 10	月份 11	月份 12	合计
利润表													
售出雕塑数量	1	2	2	3	7	9	9	9	10	12	14	14	92
销售额	1 300	2 600	2 600	3 900	9 100	11 700	11 700	11 700	13 000	15 600	18 200	18 200	119 600
减去													
金属与浇铸	570	1 140	1 140	1 710	3 990	5 130	5 130	5 130	5 700	6 840	7 980	7 980	52 440
模具与设计	40	80	80	120	280	360	360	360	400	480	560	560	3 680
经费	1 924	1 924	1 924	1 924	1 924	1 924	1 924	1 924	1 924	1 924	1 924	1 924	23 088
利息	94	94	94	94	94	94	94	94	94	82	82	82	1 092
薪资									400	400	400	400	1 600
折旧	134	134	134	134	134	134	134	134	134	134	134	134	1 608
利润	–1 462	–772	–772	–82	2 678	4 058	4 058	4 058	4 348	5 740	7 120	7 120	36 092
现金流预测表													
销售收入		1 528	3 056	3 056	4 582	10 692	13 748	13 748	13 748	15 276	18 330	21 386	119 146
贷款	8 000												8 000
其他收入	8 000												8 000
收入合计	16 000	1 528	3 056	3 056	4 582	10 692	13 748	13 748	13 748	15 276	18 330	21 386	135 150

（续表）

项目	月份 1	月份 2	月份 3	月份 4	月份 5	月份 6	月份 7	月份 8	月份 9	月份 10	月份 11	月份 12	合计
支付项目：													
金属及浇铸	0	1 340	1 340	2 010	4 688	6 028	6 028	6 028	6 698	8 038	9 376	9 376	60 950
模具原料	906	680	0	460	460	460	460	460	460	460	460	460	5 726
工资（同上）	130	130				120	500	500	500	500	500	500	3 380
经费	4 384	1 576	1 756	2 092	1 058	1 288	3 592	1 058	1 288	2 092	978	1 208	22 370
利息			282			282			282			246	1 092
其他工资									400	400	400	400	1 600
取款	1 000	1 000	1 000	1 000	1 000	1 000	1 000	1 000	1 000	1 000	1 000	1 000	12 000
资金支付	7 200												7 200
增值税				–1 410			136			2 030			756
贷款还款									1 000			1 000	2 000
支付合计	13 620	4 726	4 378	4 152	7 206	9 178	11 716	9 046	11 628	14 520	12 714	14 190	117 072
余额	2 380	–3 198	–1 322	–1 096	–2 624	1 514	2 032	4 702	2 120	756	5 616	7 194	18 074
银行余额	2 380	–818	–2 140	–3 236	–5 860	–4 346	–2 314	2 388	4 508	5 264	10 880	18 074	

商业计划书。她们请来了来自贝尔特–布雷斯先生事务所的会计师与她们一同讨论。三人达成以下共识：

- 继续开展此前的营销和广告工作。
- 设计大量的雕塑（一家酒店反馈道："人们不希望在英国的每个大厅都看到哥本哈根美人鱼。"）。
- 跟进缪丽尔的营销理念——为私人住宅和花园制作更小的雕塑。
- 聘请一位专职助理（最好是艺术学院的毕业生）帮助她们增加生产。
- 再寻找另一家浇铸厂，让她们现有的两个供应商有一些危机感并想办法继续扩大生产。

会计师祝贺她们取得了进展，说她们很快就会有一个可以让她们自豪的事业。

会计师还说，她们的产品很适合在网上面对全球范围内的客户出售。缪丽尔听取了这个意见，对此产生了很大的热情，她聘请了一位专家来建立她们自己的网站和电子商务系统。结果令人吃惊。在第一周，她们就收到了两份来自波兰的雕塑询价。看起来，这两位女性的前途光芒万丈。

<<< 案例 5.3 >>>

詹姆斯·特伯特、布赖恩·弗莱彻和朱莉娅·沃驰曼

特伯特制造有限公司度过了一个良好的起步阶段。家郡银行（Home Counties Bank）同意了贷款申请,公司的组织合理，方法有效。加利加斯金和布利克斯有限公司销售了大量的球杆，生产正在按预期进行，员工培训工作也进展得十分顺利。

然而，4个月后，詹姆斯·特伯特出发前往澳大利亚和新西兰进行市场调查。在这个过程中他犯了一个糟糕的错误。澳大利亚的一家公司对他的产品展现出了极大的热情，受到感染的特伯特头脑一热签下了一笔巨大的球杆订单合同，公司完全无法满足生产这批球杆的资金需求。后来在检查时，他发现自己计算出的所需生产能力（在信封背面）与实际相差不远。通过付出巨大的努力和加班加点，虽然公司可以在不受其他承诺的不必要干扰的情况下履行合同；但是周转资金显然是一个棘手的问题，公司拿不出那么多钱。詹姆斯在决定买方订购数额和允许的赊购期这两件事上太草率了。

财务总监朱莉娅·沃驰曼很生气。詹姆斯回到英国后，开了一次火药味十足的董事会。迄今为止，该公司取得了巨大的成功，已经达到了其财务资源的极限，银行不会也不愿

意继续提供资金支持了。作为最后的解决办法，詹姆斯试图修改澳大利亚合同的付款期限。然而，曾让他觉得如此友好的澳大利亚人变成了非常强硬的交易者，对方提出的额外折扣几乎把订单的利润全部抵消了。

为了使公司渡过这一难关，董事们同意在这关键的几个月内不支取工资，公司终于成功地生存了下来。事实上，公司重新燃起了对未来的信心，大家对未来的发展十分期待。

后　记

在前文中，我给那些打算自己做生意的人提了一些必要的注意事项。但前提是，他们必须有一个基本的美德：勇气。如果你有太多顾虑，不要自己创业，也不要买下别人的生意。你适合一些比较安稳的政府机构。

我的公司给我的第一份工作是去看望一个中年男子，有人说服他买下了一家小药店。他以前是一位合作社雇员。公司派我去的目的是为了鼓励他，强调他买下的商店具备稳定的盈利能力。他在自己的商店上班的第一天，我发现他浑身颤抖，濒临崩溃。我和一位热心的爱尔兰人设法帮助他度过了第一天，但当天晚上他服用了氰化物，离开了人世。回想起这件事，我想他一定从来没有写过商业计划书。如果他写过，他就会留在合作社，而不是贸然接手一家药店。

一位支持你的配偶、伴侣或一群朋友可以很好地帮助你保持勇气。考验勇气的第一件事就是看你是否愿意写一份商业计划书。没有人喜欢做这件事，因为写计划书会暴露你的每一丝不足和恐惧。其实，撰写商业计划书最大的价值，是让你有时间去面对问题并想出克服问题的方法。

在我的书中，工匠亚历山大·巴特斯比和科学企业家艾伦博士至少有一个共同点：他们都有足够勇敢的心，这一品质让他们从容地渡过了难关。

他们还与所有的自营职业者有一个共同点，那便是责任心。我用这个词，用的是它的真正意义，这意味着他们必须用自己的福祉来为自己的行为负责。如果他们成功了，会得到奖励；如果他们失败了，就要亲自为此买单。责任与他们同在。如果有人选择了亚历山大·巴特斯比来为自己干活，那个人就要为巴特斯比完成的工作签支票。在整个白厅[①]中，没有一位公务员可以多说些什么，哪怕升到了最高层。我喜欢这样去想，当亚历山大·巴特斯比与获得圣迈克尔和圣乔治大十字勋章的汉弗莱·潘詹德拉姆爵士（Sir Humphrey Panjandrum GCMG）一起出现在知晓一切的天堂之门时，天使会先请做零工的工匠进门。

---

① 白厅是英国政府部门的别称。——译者注

去哪里寻求进一步的建议

比方说，你是一家大公司的营销主管，那就会有同事帮助你，不仅包括总经理，还有隔壁办公室的财务总监和生产负责人等。你可以专注于自己部门的问题，其他事情就让其他人来处理。而那些小企业的唯一业主，他们没有隔壁办公室的同事。这样的隔离、独立或许会让你感到满足，甚至是兴奋。很多人都会如此。但是身处这样的位置，你可能很难得到合适的建议。

许多政府为建立小型企业咨询制度做出了相当大的努力。但不可避免的是，这种咨询制度往往提供专门的一揽子建议，例如市场营销、雇工问题或簿记等。不幸的是在现有的顾问当中，鲜有人曾经担任过总经理或是成功的独自经营者。他们往往是从提前退休的专家中招聘的。这不是在贬低这些人作为顾问的能力，只要有人做出准确的诊断，他们就能给出合适的建议。事实就是市场营销专家往往把所有问题都看成销售问题，银行家则从金融的角度看待问题，诸如此类。从单一专业角度可能无法发现潜在的真正问题，或是平衡地检查公司情况（见第九章）。在去找专家回答问题之前，小企业主往往需要有人帮助他们找到应该问的问题。

你的会计师

你的会计师应该是一个有经验、有想象力的人，应该能帮助你诊断出真正的问题所在，或是指出你可以去哪里寻找机会，寻找其他专家的帮助。

究竟哪位会计师能为你提供最好的服务往往很难判断。不要仅仅依靠谷歌之类的搜索引擎，问问本地的其他小型企业，看看他们从会计师那里得到了什么，支付了多少钱。同时，要确保你选择的公司不会把你交给一个经验不足的初学者。小企业需要有经验的人来提供建议，这样的会计才值得你支付费用。

本地顾问

许多年前，企业代理机构是在商界人士与区郡议会的联合倡议下产生的。这些机构由大公司借调的董事和退休的商界志愿者组成，他们立即填补了咨询服务领域的空白，目前他们在咨询业仍占有重要地位。

自早年到现在，企业代理机构有了一些改变。很多地方的企业代理机构发展了起来，名称也经历了多次变更。在前几章中，我一直坚持使用“企业代理机构”这一名称，因为在我就职时，它们使用的就是这个名称。在这样的机构我度过了几年快乐的时光，我希望这段日子也给他人带来了价值。许多地区更改了机构名称，或是将其纳入各种“一站式”咨询服务项目。不过顾问服务仍在继续。

你可以到当地商会或地方当局索要顾问机构的名称和联系地址。

商　会

哪怕只是为了建立必要的联系，你也一定要加入当地商会，它可以从很多方面帮助你。

你的贸易协会

当你做市场调查时，联系相关的贸易协会往往是明智的选择。它可以提供有用的数据及其他信息，帮助你决定市场是否有足够的潜力以及能否给你成功的机会。当地商会都能提供各种贸易协会的地址和电话等信息。

你的客户

你要经常和你的客户交谈，征求他们的意见时不要犹豫（不过要记住，他们的建议常常难以做到不偏不倚）。评估产品市场时，你要咨询尽可能多的潜在客户，你的商业计划书将建立在他们的回应之上。未来他们会是很好的信息和帮助来源，不要忽视他们，同时要密切关注猫途鹰（TripAdvisor）之类的点评网站。

你的供应商

倘若你的生意取得了成功，主要供应商将获得相应的利益。倾听供应商的建议——除非对方正在试图向你推销你不太想要的东西。请记住，供应商了解你的竞争对手的贸易动态和信息，他们会是非常宝贵的消息来源。

附录

推荐网站

咨询、调解和仲裁服务（Advisory, Conciliation and Arbitration Service）

www.acas.org.uk

农业发展咨询服务（Agricultural Development Advisory Service）

www.adas.uk

英国广播公司（BBC）

www.bbc.com

英国就业法（British Employment Law）

www.emplaw.co.uk

英国特许经营协会（British Franchise Association）

www.thebfa.org

英国管理学院（及其他资源）[British Institute of Management (and other resources)]

www.open.ac.uk/library/library-resources/british-institute-of-management-collection

英国保险经纪协会 (British Insurance Brokers' Association)

www.biba.org.uk

英国海外贸易委员会（及其他资源）[British Overseas Trade

Board (and other resources)]

discovery.nationalarchives.gov.uk/details/r/C846

英国标准协会（British Standards Institution）

www.bsigroup.com

英国旅游局（British Tourist Authority）

www.visitbritain.com

建筑研究院（Building Research Establishment）

www.bre.co.uk

商务通（Business Link）

www.gov.uk/browse/business

特许市场营销协会（Chartered Institute of Marketing）

www.cim.co.uk

特许专利律师协会（Chartered Institute of Patent Attorneys）

www.cipa.org.ukn

英国公司注册处（Companies House）

www.gov.uk/government/organisations/companies-house

英国工业联合会（The Confederation of British Industry）

www.cbi.org.uk

合作发展机构（当地）[cooperative development agencies（local）]

gcda.coop（一个地方示例）

国家土地和商业协会（Country Land and Business Association）

www.cla.org.uk

工艺品理事会（Crafts Council）

www.craftscouncil.org.uk

环境、食品与农村事务部（Department for Environment Food & Rural Affairs）

www.gov.uk/government/organisations/department-for-environment-food-rural-affairs

设计委员会（Design council）

www.designcouncil.org.uk

杜伦大学商学院（Durham University Business School）

www.dur.ac.uk/business

出口财务部（Export finance department）

www.gov.uk/government/organisations/uk-export-finance

融资与租赁协会（Finance & Leasing Association）

www.fla.org.uk

大伦敦企业（已改名）[Greater London Enterprise（name changed）]

www.newable.co.uk

皇家税务与海关总署（HM Revenue and Customs）

www.gov.uk/government/organisations/hm-revenue-customs

酒店管理学院（Hospitality Institute）

www.instituteofhospitality.org

工业与商业金融（Industrial and Commercial Finance）

www.3i.com

信息专员办公室（Information Commissioner’s Office）

www.ico.org.uk

董事协会（Institute of Directors）

www.icgn.org/company/institute-directors-uk

专利权所有人与发明者协会（Institute of Patentees and Inventors）

www.invent.org.uk

知识产权局（Intellectual Property Office）

www.gov.uk/government/organisations/intellectual-property-office

特许商标律师协会（The Chartered Institute of Trade Mark Attorneys）

www.citma.org.uk

学习和技能委员会（Learning and Skills Council）

www.gov.uk/government/organisations/skills-funding-agency

壳牌创业资助项目（LiveWIRE）

www.shell-livewire.org

制造商代理协会（Manufacturers’ Agents’ Association）

www.themaa.co.uk

国家商业天使协会（National Business Angels Association）

www.ukbusinessangelsassociation.org.uk

国家计算中心（The National Computing Centre）

www.ncc.co.uk

国家农民工会（The National Farmers Union）

www.nfuonline.com

国家自雇职业和小型企业联合会（National Federation of Self Employed & Small Businesses）

www.fsb.org.uk

名特市场研究（Mintel Market Research）

www.mintel.com

国家企业网络（National Enterprise Network）

www.nationalenterprisenetwork.org

国家统计办公室（National Statistics, Office for）

www.ons.gov.uk

国家报刊安全家居订购保护计划（National Newspaper Safe Home Ordering Protection Scheme）

www.shopspromise.com

新闻媒体协会（The News Media Association）

www.newsmediauk.org

王子信托基金（The Prince's Trust）

www.princes-trust.org.uk

苏格兰企业（Scottish Enterprise）

www.scottish-enterprise.com

创业投资协会（Venture Capital Association）

www.bvca.co.uk/Research/BVCA-Research-Reports